国家级职业教育规划教材
全国职业院校汽车类专业新形态工作手册式教材
全国技工院校汽车类专业工学一体化教材

汽车营销技术

中德诺浩汽车职业教育研究院　组织编写
主编　吕丕华

中国劳动社会保障出版社

内容简介

本书是全国职业院校汽车类专业新形态工作手册式教材 / 全国技工院校汽车类专业工学一体化教材，由中德诺浩汽车职业教育研究院组织开发。全书共包含 4 个学习情境、16 个学习任务，内容涵盖制作汽车平面广告图片、编写汽车宣传软文、微信图文推送、集客到店、售前准备、展厅接待、需求分析、产品介绍、试乘试驾、报价成交、新车交付、售后跟踪等内容。

本书可作为全国职业院校与技工院校汽车类专业教学用书，也可作为汽车售后服务企业相关技术人员与社会人士培训参考用书。

本套教材由吕丕华主编，本书由张东杰编写。

图书在版编目（CIP）数据

汽车营销技术 / 吕丕华主编. -- 北京：中国劳动社会保障出版社，2023
全国职业院校汽车类专业新形态工作手册式教材　全国技工院校汽车类专业工学一体化教材
ISBN 978-7-5167-5728-4

Ⅰ. ①汽…　Ⅱ. ①吕…　Ⅲ. ①汽车 – 市场营销学 – 职业教育 – 教材　Ⅳ. ①F766

中国国家版本馆 CIP 数据核字（2023）第 022519 号

中国劳动社会保障出版社出版发行
（北京市惠新东街 1 号　邮政编码：100029）
*
北京市白帆印务有限公司印刷装订　　新华书店经销

880 毫米 ×1230 毫米　16 开本　9.5 印张　230 千字
2023 年 4 月第 1 版　2026 年 1 月第 5 次印刷
定价：30.00 元

营销中心电话：400-606-6496
出版社网址：http://www.class.com.cn
http://jg.class.com.cn

序

当前，我国正在加快实施“中国制造2025”计划，处于由制造大国向制造强国、由人力资源大国向人力资源强国发展的重要时期，党和国家为此制定了一系列科教兴国、人才强国的战略措施。

在人才队伍中，工作在生产一线的技能型人才是重要基础。高素质技能型人才队伍是推动经济社会发展的重要保障，职业教育是培养高素质技能型人才的主要渠道。尽管世界各国国情不同，发展职业教育的条件、政策和具体措施各异，但无论发达国家还是新兴工业化国家，均普遍重视职业教育在培养高素质技能型人才中的重要作用，把发展职业教育作为人力资源开发、振兴经济、增强国力的战略选择。

德国的职业教育水平处于世界领先地位。德国经济在世界金融危机中之所以依然稳健发展，与其因职业教育发达而拥有大量的高素质技能型人才是分不开的。完备的法律制度和各方面的高度重视，为德国的职业教育发展提供了有力保障。德国的双元制职业教育制度将劳动人事制度与教育制度有机地结合在一起。学校和企业都是培养人才的主体，并承担相应责任，学校和企业的教学计划、形式和内容虽各有侧重，但又相互联系，且均以工作任务为教学载体，将技能学习和训练、理论学习和运用有机结合，充分发挥学生在教学中的主体作用，着力培养学生承担社会责任的能力、独立发现和解决问题的能力、在实践中自主学习的能力。

改革开放以来，我国在借鉴国外先进职业教育经验方面取得了可喜成就。我国职业教育的对外交流与合作就是从借鉴和学习德国经验开始的，中德诺浩（北京）教育科技股份有限公司为此做了积极而有效的探索。

长期以来，该公司致力于引进德国的汽车职业教育资源，与德国手工业协会合作，在国内与以德国品牌为主的汽车合资企业和各类职业院校共同开展教育工作。经过多年的探索，结合我国国情，该公司成功地

引进德国汽车职业教育的课程体系、教学素材和教学方法，并结合互联网手段进行了全方位本土化，在此基础上与 300 多所职业院校联手，为我国汽车维修企业培养了大批优秀人才。与此同时，该公司组织中德两国的汽车技术专家、经验丰富的维修技师和职业教育专家，共同编写了职业院校汽车类专业新形态工作手册式教材。这套教材以培养高技能人才为目标，内容选自实际操作，既“原汁原味”地吸纳了德国经验，又结合我国实际情况充实了教学内容，推动我国汽车维修技能型人才的培养与世界接轨。我期待其在我国培养国际标准汽车高技能人才方面发挥出重要作用，在中国由汽车大国向汽车强国迈进的征程中做出应有的贡献。

唐天标

（本序作者系第十一届全国人大常委会委员、第十一届全国人大教科文卫委员会副主任委员，原中国人民解放军总政治部副主任，上将军衔）

前言

职业教育是国民教育体系和人力资源开发的重要组成部分，肩负着培养多样化人才、传承技术技能、促进就业创业的重要职责。随着新型工业化的推进和科学技术的发展，现代职业教育体系越来越成为国家竞争力的重要支撑。为贯彻落实全国职业教育大会精神，推动现代职业教育高质量发展，加快构建现代职业教育体系，建设技能型社会，弘扬工匠精神，培养更多高素质技术技能人才、能工巧匠、大国工匠，满足我国汽车产业迅猛发展对高端技术技能型汽车人才的需求，中德诺浩在总结多年来将德国汽车职业教育中国本土化经验的基础上，编写了这套职业院校汽车类专业新形态工作手册式教材。

本套教材将理论基础和实践应用有机结合，在引领学生学习汽车专业知识的同时培养学生实际操作技能，具有以下特点：

（1）以企业一线任务为引导，将理论知识与实践技能进行完美结合。

（2）集图、文、声、像于一体，为学生提供多种形式的学习素材。

（3）采用四色印刷，版面简洁清晰、主题明确、色彩清新。

（4）本套教材配有丰富的数字化教学资源，学生可通过扫描每本书专属的封面二维码进行浏览和自学。

本套教材由中德诺浩汽车职业教育研究院组织编写，编写方式充分发挥了学生的主体地位，优化了课堂设计，便于调动学生的学习积极性和主动性，还可培养学生的创新意识和创新能力。

本套教材是职业院校汽车类专业核心课程教材，同时也可供从事汽车研究、设计、制造、使用和维修的工程技术人员学习和参考。

由于时间紧、任务重，本书内容难免有不恰当和错误之处，敬请广大读者批评指正！

编者

2022 年 10 月

目录

CONTENTS

情境一

汽车产品线上推广

任务一　制作汽车平面广告图片（一）

<table>
<tr><td colspan="9">制作汽车平面广告图片任务工单——产品资料收集整理</td></tr>
<tr><td rowspan="2">客户信息</td><td>姓　　名</td><td></td><td>职　　业</td><td></td><td>联系电话</td><td></td><td>信息来源</td><td></td></tr>
<tr><td>购车用途</td><td></td><td>预购车型</td><td></td><td>购车预算</td><td></td><td>预购时间</td><td></td></tr>
<tr><td colspan="9">网络营销 → 集客到店 → 售前准备 → 展厅接待 → 需求分析 → 产品介绍 → 试乘试驾 → 报价成交 → 新车交付 → 售后跟踪 → 网络营销
汽车销售核心流程</td></tr>
<tr><td>任务描述</td><td colspan="8">制作平面广告图片 □　编写宣传软文 □　微信图文推送 □　网络营销 □　集客到店 □
售前准备 □　展厅接待 □　需求分析 □　产品介绍 □　试乘试驾 □
报价成交 □　新车 PDI 检查 □　新车交付 □　跟踪回访 □　处理投诉 □</td></tr>
<tr><td>明确具体工作任务</td><td colspan="8"></td></tr>
<tr><td>任务目标</td><td colspan="8">● 掌握汽车平面广告的组成及设计要点
● 能够通过网络渠道收集汽车平面广告素材
● 能够制作汽车平面广告图片</td></tr>
<tr><td>任务内容</td><td colspan="8">● 汽车平面广告的组成及设计要点
● 汽车平面广告素材的获取渠道
● 经典汽车平面广告赏析
● 制作汽车平面广告图片的方法</td></tr>
<tr><td>任务重点</td><td colspan="8">● 汽车平面广告图片的制作</td></tr>
</table>

一、信息链接

1. 汽车平面广告的组成

汽车平面广告是汽车网络营销宣传的主要方式，一个完整的汽车平面广告主要包括插图、文字、商标、色彩四部分，如图 1–1 所示。

图 1–1 汽车平面广告

（1）插图。插图可以是照片、绘画、卡通漫画、绘图等素材。

（2）文字。文字包括以合适的字体、字号、排版方式呈现的广告语或广告标题等。

（3）商标。厂家商标是平面广告的核心，应以适当的方式突出显示。

（4）色彩。合适的色彩搭配可以增强平面广告的冲击力，增加广告内容的真实感。

2. 汽车平面广告的设计要点

（1）画面表现抢眼。可以采用变形、夸张、置换、朦胧等画面表现手法。

（2）主题有吸引力。浪漫、搏斗、欢乐、力量、动物、乡村、神秘等主题通常较能吸引读者的注意力。

（3）创意表达方式合理。常用的广告创意表达方法有夸张法、比喻法、对比法、替代法等。

3. 汽车平面广告素材的获取渠道

在制作汽车平面广告时，可以通过图 1–2、图 1–3 和图 1–4 所示的网络渠道获取某款车型的相关素材。

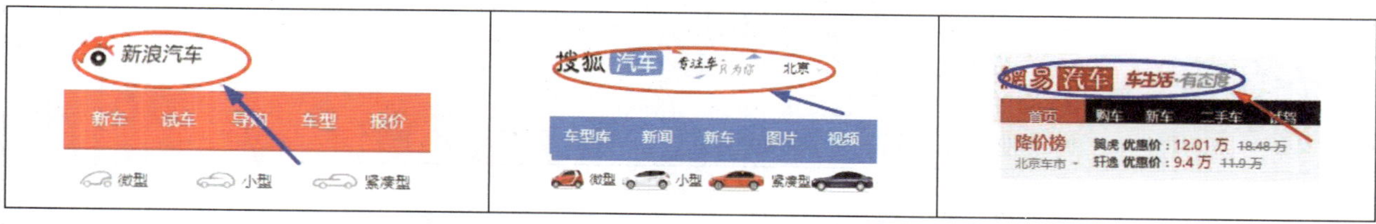

图 1–2 门户网站的汽车频道

图 1-3 汽车类网站

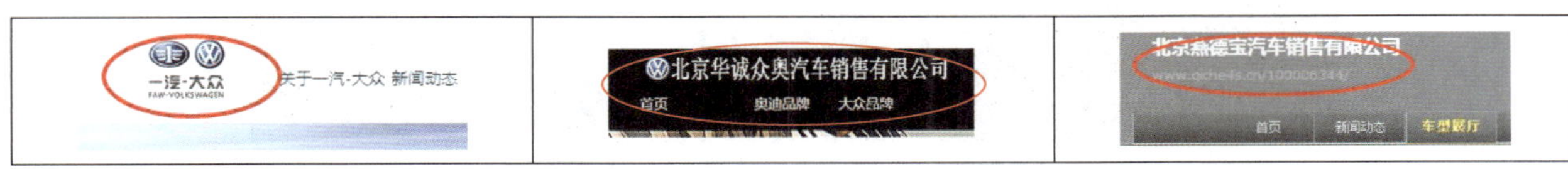

图 1-4 汽车厂家官方网站和经销商公司网站

（1）门户网站的汽车频道。如新浪、搜狐、网易等网站都有汽车频道。

（2）汽车类网站。包括专业汽车网站，如太平洋汽车网、汽车之家、中国汽车消费网等；车主论坛类网站，如爱卡汽车、车迷网等；汽车电子商务类网站，如网上车市、天猫、苏宁易购、京东等。

（3）汽车厂家官方网站或经销商公司网站。

4. 经典汽车平面广告赏析

以图 1-5、图 1-6 和图 1-7 所示的经典汽车平面广告为例，进行平面广告赏析。

图 1-5 丰田普拉多汽车广告

广告创意赏析：左边是大自然美景，车辆与野生动物亲密接触，道路泥泞不平；右边是高楼林立的现代都市，年轻的俊男美女凝视着车辆。广告表现出丰田普拉多汽车优异的驾乘性能，能够在各种路况下行驶。

图 1-6　大众 polo 汽车广告

广告创意赏析：本广告图片第一眼看上去是月亮和大海的照片，但仔细一看，上方的“月亮”里有杆加油枪，‘月亮”是加油口，“大海”是燃油，原来这是大众 polo 汽车的油箱内景，左下方标注“polo 油耗：3.3 L/100 km”，突出了大众 polo 汽车良好的燃油经济性。

图 1-7　福田汽车广告

广告创意赏析：蔚蓝的天空下，一辆福田厢式货车驰骋前行，左侧一只手托举着一块蓄电池，在阳光下闪闪发亮，突出显示福田汽车的新科技、新动力。

5. 制作汽车平面广告图片的方法

（1）通过网络渠道收集车型宣传图片、文章，了解参数配置、车型卖点等。

（2）使用 Photoshop、美图秀秀等平面绘图软件，制作汽车平面广告图片。

二、任务准备

在下列图片中勾选出完成本任务所需的物品。

 计算机	 座机	 手机	 计算器
 销售工具夹	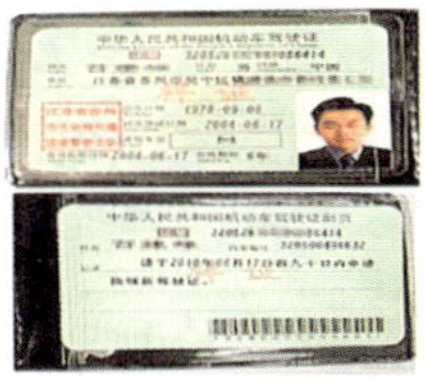 驾驶证	 写字板	 中性笔
 照相机	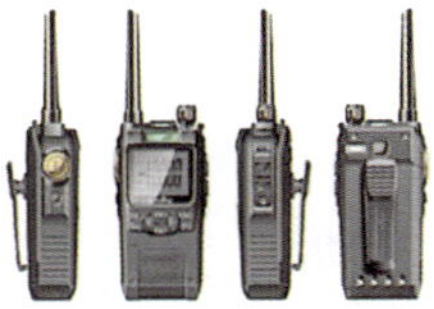 对讲机	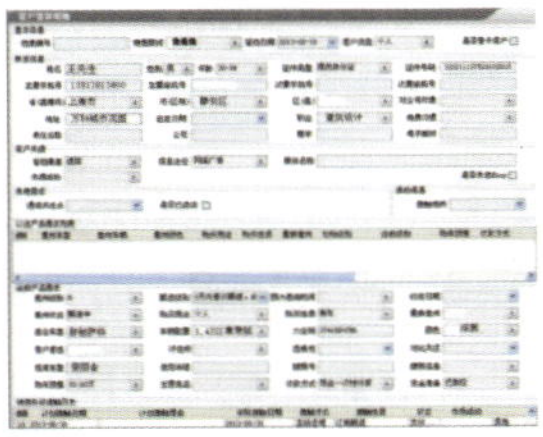 经销商管理系统（DMS）	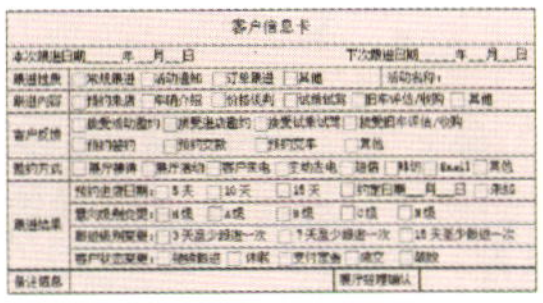 客户信息卡
 实训整车	 汽车配置展示架	 抹布	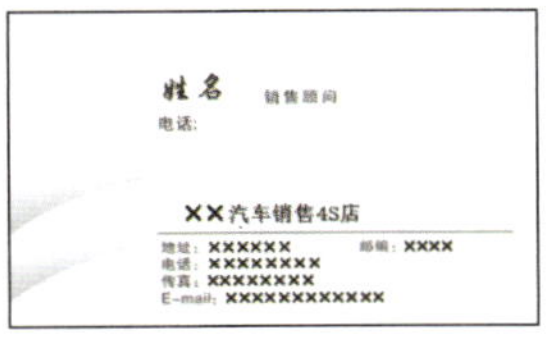 销售顾问名片

三、任务分配

教师进行分组，每 5 名学生为一组并推选组长，组长对小组任务进行分配，组员按组长要求完成相关任务，并将小组成员的具体任务分工填入表 1–1 中。

表 1–1　任务分配表

任务	组长	人员分工	具体任务
制作汽车平面广告图片			

四、任务实施

（一）实施步骤

制作汽车平面广告图片的任务实施步骤见表 1–2。

表 1–2　制作汽车平面广告图片的任务实施步骤

序号	实施步骤	实施内容
1	查找相关汽车网站	利用搜索引擎，搜索门户网站的汽车频道、汽车类网站、汽车厂家官方网站、经销商公司网站
2	收集、整理汽车资料素材	收集、整理指定品牌汽车的特点、车型图片、车型卖点、市场占有率、整车性能指标、车辆价格情况、客户满意度等资料素材
3	利用绘图软件制作汽车平面广告图片	使用 Photoshop、美图秀秀等绘图软件，对汽车素材进行筛选、复制、粘贴、润色、字体调整、图片裁剪、图片组合等操作，编辑制作汽车平面广告图片
4	分析点评	教师收集并利用投影仪展示各小组作品，并对作品进行分析点评

（二）实施记录

将本任务的实施过程记录到表 1–3 ~ 表 1–5 中。

表 1–3　查找相关汽车网站

网站类别	网站名称	网址
门户网站的汽车频道	新浪网汽车频道	
	搜狐网汽车频道	
	网易汽车频道	

续表

网站类别	网站名称	网址
专业汽车网站	太平洋汽车网	
	汽车之家	
	中国汽车消费网	
车主论坛类网站	爱卡汽车	
	车迷网	
汽车电子商务类网站	网上车市	
	天猫	
	苏宁易购	
	京东	
汽车厂家官方网站	一汽大众官网	
	吉利汽车官网	
	长安汽车官网	
	长城汽车官网	
经销商公司网站	奥迪经销商公司网站	
	迈腾经销商公司网站	
	奔驰经销商公司网站	
	宝马经销商公司网站	

表 1-4　收集、整理汽车资料素材

品牌	大众	奔驰	宝马	吉利	长城	长安
车型款式						
品牌特点						
商标图案						
参数配置						
市场占有率						
车型卖点						

续表

品牌	大众	奔驰	宝马	吉利	长城	长安
价格情况						
客户满意度						
资料来源网站						

表 1-5　制作汽车平面广告图片

车型型号		作品名称	
素材来源			
将制作好的汽车平面广告图片打印粘贴到此处 或保存发送给教师进行分析点评			
平面广告图片创意解析			
制作人员		完成日期	

五、检查

（一）自检

结合任务实施过程和结果，对照表 1–6 进行自我检查，并将自检结果记录在表 1–6 中。

表 1–6　自检

检查项目	结果
是否按要求搜索相关汽车网站	
是否按教师指定的车型查找、整理所需的汽车资料素材	
能否正确使用各种平面绘图软件	
是否掌握平面广告图片的制作方法	
是否按要求制作出有创意的汽车平面广告图片	

（二）互检

结合任务实施过程和结果进行组与组之间的互检，并把检查结果填写在表 1–7 中。

表 1–7　互检

检查项目	结果
能否正确利用计算机搜索引擎查找相关汽车网站	
指定车型的汽车资料素材是否收集齐全	
能否熟练使用各种平面绘图软件	
制作的汽车平面广告图片是否为原创且主题突出	

六、课堂小结

任务二　制作汽车平面广告图片（二）

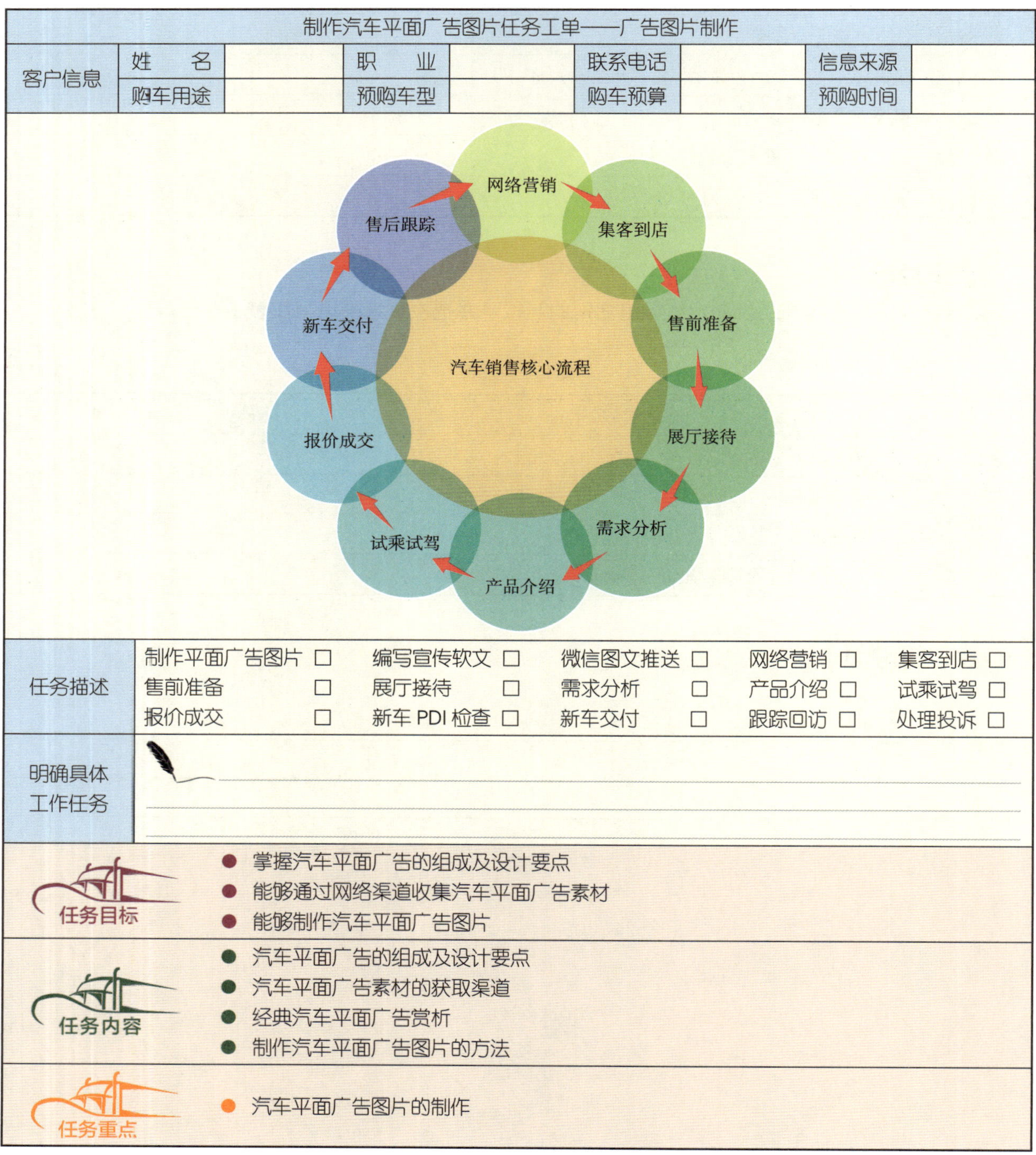

制作汽车平面广告图片任务工单——广告图片制作								
客户信息	姓　　名		职　　业		联系电话		信息来源	
	购车用途		预购车型		购车预算		预购时间	

任务描述					
	制作平面广告图片 □	编写宣传软文 □	微信图文推送 □	网络营销 □	集客到店 □
	售前准备 □	展厅接待 □	需求分析 □	产品介绍 □	试乘试驾 □
	报价成交 □	新车 PDI 检查 □	新车交付 □	跟踪回访 □	处理投诉 □
明确具体工作任务					

任务目标

- 掌握汽车平面广告的组成及设计要点
- 能够通过网络渠道收集汽车平面广告素材
- 能够制作汽车平面广告图片

任务内容

- 汽车平面广告的组成及设计要点
- 汽车平面广告素材的获取渠道
- 经典汽车平面广告赏析
- 制作汽车平面广告图片的方法

任务重点

- 汽车平面广告图片的制作

一、任务准备

在下列图片中勾选出完成本任务所需的物品。

计算机	座机	手机	计算器
销售工具夹	驾驶证	写字板	中性笔
照相机	对讲机	经销商管理系统（DMS）	客户信息卡
实训整车	汽车配置展示架	抹布	销售顾问名片

二、任务分配

教师进行分组，每 5 名学生为一组并推选组长，组长对小组任务进行分配，组员按组长要求完成相关任务，并将小组成员的具体任务分工填入表 2–1 中。

表 2–1　任务分配表

任务	组长	人员分工	具体任务
制作汽车平面广告图片			

三、任务实施

（一）实施步骤

制作汽车平面广告图片的任务实施步骤见表 2–2。

表 2–2　制作汽车平面广告图片的任务实施步骤

序号	实施步骤	实施内容
1	查找相关汽车网站	利用搜索引擎，搜索门户网站的汽车频道、汽车类网站、汽车厂家官方网站、经销商公司网站
2	收集、整理汽车资料素材	收集、整理指定品牌汽车的特点、车型图片、车型卖点、市场占有率、整车性能指标、车辆价格情况、客户满意度等资料素材
3	利用绘图软件制作汽车平面广告图片	使用 Photoshop、美图秀秀等绘图软件，对汽车素材进行筛选、复制、粘贴、润色、字体调整、图片裁剪、图片组合等操作，编辑制作汽车平面广告图片
4	分析点评	教师收集并利用投影仪展示各小组作品，并对作品进行分析点评

（二）实施记录

将本任务的实施过程记录到表 2–3 ~ 表 2–5 中。

表 2–3　查找相关汽车网站

网站类别	网站名称	网址
门户网站的汽车频道	新浪网汽车频道	
	搜狐网汽车频道	
	网易汽车频道	
专业汽车网站	太平洋汽车网	
	汽车之家	
	中国汽车消费网	
车主论坛类网站	爱卡汽车	
	车迷网	

续表

网站类别	网站名称	网址
汽车电子商务类网站	网上车市	
	天猫	
	苏宁易购	
	京东	
汽车厂家官方网站	一汽大众官网	
	吉利汽车官网	
	长安汽车官网	
	长城汽车官网	
经销商公司网站	奥迪经销商公司网站	
	迈腾经销商公司网站	
	奔驰经销商公司网站	
	宝马经销商公司网站	

表 2-4　收集、整理汽车资料素材

品牌	大众	奔驰	宝马	吉利	长城	长安
车型款式						
品牌特点						
商标图案						
参数配置						
市场占有率						
车型卖点						
价格情况						
客户满意度						
资料来源网站						

表 2-5　制作汽车平面广告图片

<table>
<tr><td>车型型号</td><td></td><td>作品名称</td><td></td></tr>
<tr><td>素材来源</td><td colspan="3"></td></tr>
<tr><td colspan="4">将制作好的汽车平面广告图片打印粘贴到此处
或保存发送给教师进行分析点评</td></tr>
<tr><td>平面广告图片
创意解析</td><td colspan="3"></td></tr>
<tr><td>制作人员</td><td></td><td>完成日期</td><td></td></tr>
</table>

四、检查

（一）自检

结合任务实施过程和结果，对照表 2-6 进行自我检查，并将自检结果记录在表 2-6 中。

表 2-6　自检

检查项目	结果
是否按要求搜索相关汽车网站	
是否按教师指定的车型查找、整理所需的汽车资料素材	
能否正确使用各种平面绘图软件	
是否掌握平面广告图片的制作方法	
是否按要求制作出有创意的汽车平面广告图片	

（二）互检

结合任务实施过程和结果进行组与组之间的互检，并把检查结果填写在表 2–7 中。

表 2–7　互检

检查项目	结果
能否正确利用计算机搜索引擎查找相关汽车网站	
指定车型的汽车资料素材是否收集齐全	
能否熟练使用各种平面绘图软件	
制作的汽车平面广告图片是否为原创且主题突出	

五、课堂小结

任务三　编写汽车宣传软文

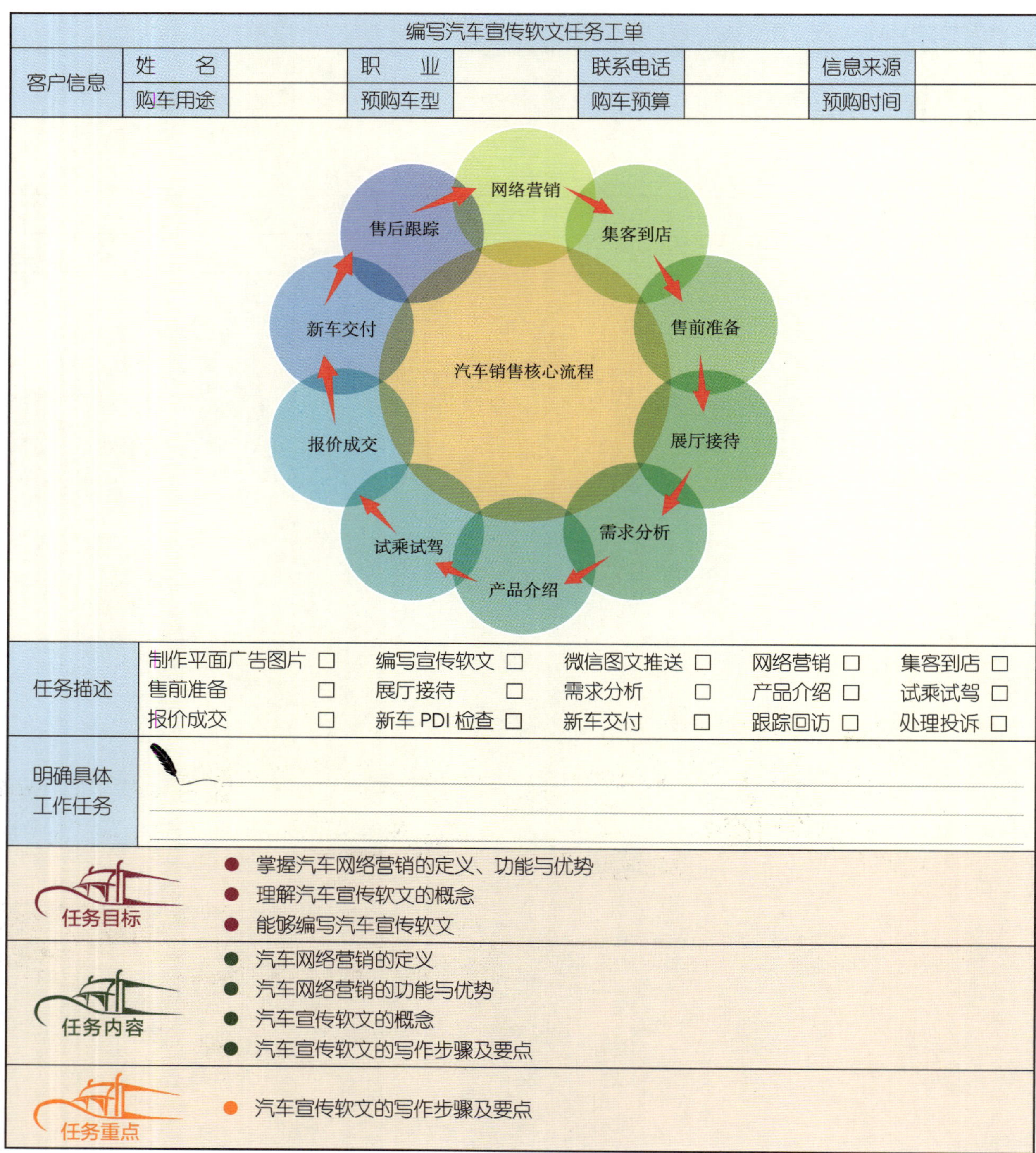

编写汽车宣传软文任务工单								
客户信息	姓　名		职　业		联系电话		信息来源	
	购车用途		预购车型		购车预算		预购时间	

任务描述				
制作平面广告图片 □	编写宣传软文 □	微信图文推送 □	网络营销 □	集客到店 □
售前准备 □	展厅接待 □	需求分析 □	产品介绍 □	试乘试驾 □
报价成交 □	新车 PDI 检查 □	新车交付 □	跟踪回访 □	处理投诉 □

明确具体工作任务	

任务目标

- 掌握汽车网络营销的定义、功能与优势
- 理解汽车宣传软文的概念
- 能够编写汽车宣传软文

任务内容

- 汽车网络营销的定义
- 汽车网络营销的功能与优势
- 汽车宣传软文的概念
- 汽车宣传软文的写作步骤及要点

任务重点

- 汽车宣传软文的写作步骤及要点

一、信息链接

1. 汽车网络营销的定义

汽车网络营销是以互联网为营销环境，传递汽车营销信息，获知消费者需求的信息化营销过程，它是以客户需求为中心的一种营销模式。常见的汽车网络营销方式包括搜索引擎推广、微博营销、论坛营销、微信营销、手机 APP 营销、电子邮件营销等。

如今，互联网已经成为人们获取汽车资讯及购车信息最重要的渠道，网络消费已成为人们生活的一部分，面对汽车销售日益激烈的竞争局面，汽车 4S 店必须开展网络营销。

2. 汽车网络营销的功能与优势

通过汽车网络营销，可以发布汽车信息、拓展销售渠道、促进汽车销售、提高服务质量、维护顾客关系、开展网上调研等。

汽车网络营销的优势主要体现在以下三个方面：

（1）覆盖面广、操作简单，能够显著降低宣传成本。

（2）信息量大、针对性强，能够精准定位客户群体。

（3）互动性强、潜在客户管理清晰，能够大幅提升工作效率。

3. 汽车宣传软文的概念

汽车宣传软文是指汽车销售企业通过策划，在报纸、杂志、网络等宣传载体上刊登的可以提升企业品牌形象和知名度，促进企业销售的宣传性、阐释性文章，包括特定的新闻报道、专题文章、短文广告等。汽车宣传软文是汽车销售企业营销的一把利剑，能够引导消费，宣传品牌，促进销售。比较优秀的软文案例如图 3-1 所示。

软文类型：产品介绍
发布媒体：网络媒体（如网上车市）
软文背景：新车上市
软文特点：结合新车上市，配图对新车的主要优点进行全面介绍

经典重现 静态评测丰田进口新普拉多2.7 L

丰田进口新普拉多2.7 L车型的车身尺寸达到了4 820 mm×1 885 mm×1 845 mm，与老款车型相比，这款车的车身宽度有所增加，有助于提升车辆的稳定性。在决定车内腿部空间的轴距方面，进口普拉多的长度达到了2 790 mm，完全可以满足消费者的需求

在尾部设计方面，这款车给人的感觉依旧十分沉稳，而备胎位置换到了车身下部，减轻了行李舱门的质量，虽然损失一些越野感觉，但使得开启更加方便。进口新普拉多的尾灯设计也十分大气，红白相间的感觉相当不错。而后扰流板上，不仅设计了高位制动灯，还配备了隐藏式的雨刮……

图 3-1 优秀软文案例

4. 汽车宣传软文的写作步骤及要点

（1）写作步骤

1）通过相关网站平台，搜索软文素材资料。

2）提炼能准确反映软文内容、有吸引力的标题。

3）选好切入点，把需要宣传的产品主要信息（卖点）嵌入软文。

4）利用文字、数据表格和图片撰写软文。

（2）写作要点

1）软文字数要恰当合理，结构应明确清晰。

2）软文应图文并茂，添加有吸引力的引导性图片、写实性图片和暗示性图片。

3）软文内容中可以添加超链接，以详细介绍产品类型、价格情况、车型特点、竞品区别、经销商地址和联系方式等。

4）软文标题要突出，可以借助热点、名人、文化、故事、潮流等来提升关注率。

5）软文撰写形式不拘一格，可以采用悬念式、故事式、情感式、促销式、新闻式等。

二、任务准备

在下列图片中勾选出完成本任务所需的物品。

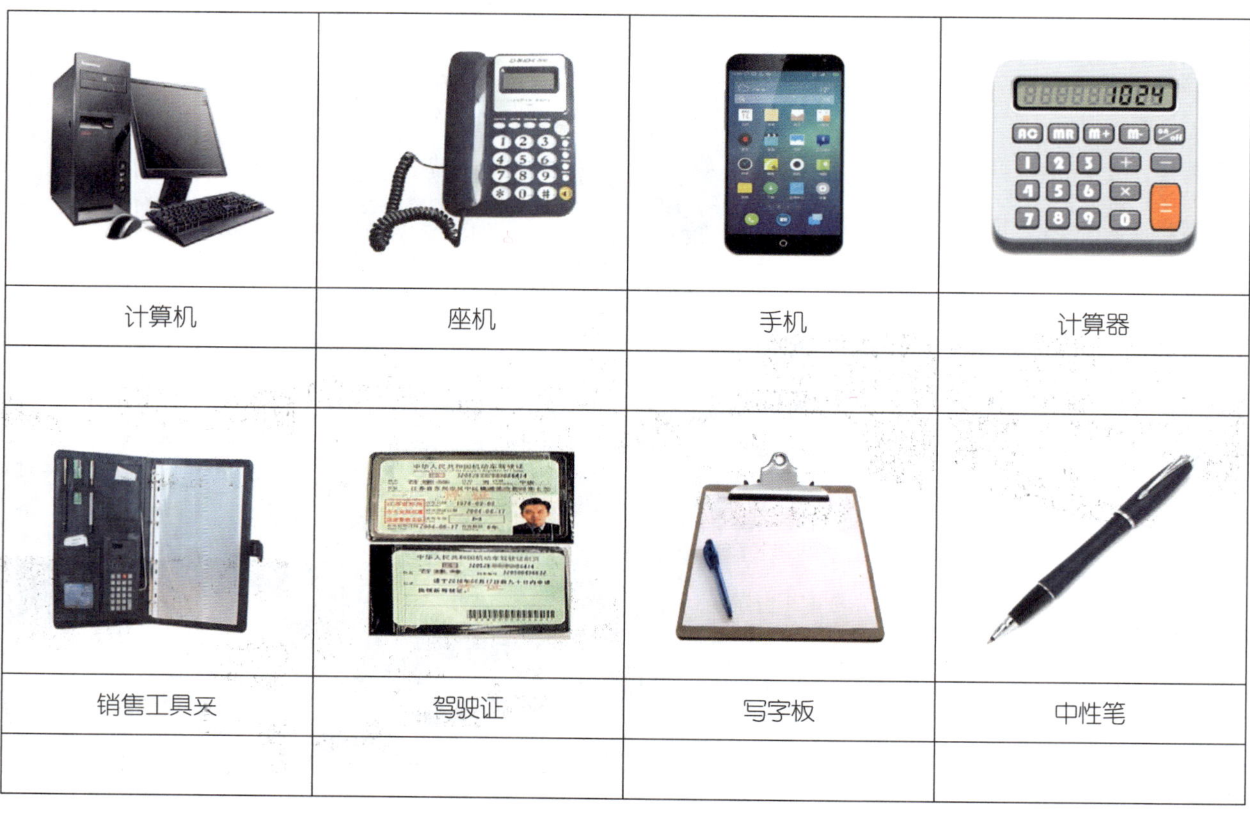

计算机	座机	手机	计算器
销售工具夹	驾驶证	写字板	中性笔

照相机	对讲机	经销商管理系统（DMS）	客户信息卡
实训整车	汽车配置展示架	抹布	销售顾问名片

三、任务分配

教师进行分组，每 5 名学生为一组并推选组长，组长对小组任务进行分配，组员按组长要求完成相关任务，并将小组成员的具体任务分工填入表 3-1 中。

表 3-1　任务分配表

<table>
<tr><th>任务</th><th>组长</th><th>人员分工</th><th>具体任务</th></tr>
<tr><td rowspan="5">编写汽车宣传软文</td><td rowspan="5"></td><td></td><td></td></tr>
<tr><td></td><td></td></tr>
<tr><td></td><td></td></tr>
<tr><td></td><td></td></tr>
<tr><td></td><td></td></tr>
</table>

四、任务实施

（一）实施步骤

编写汽车宣传软文的任务实施步骤见表 3-2。

表 3-2　编写汽车宣传软文的任务实施步骤

序号	实施步骤	实施内容
1	查找车型资料	按照教师指定的车型，通过相关网站平台搜索、整理软文素材资料
2	确定软文标题	提炼能准确反映文章内容、贴合车型特点、有吸引力的标题
3	编写软文内容	选好切入点，完成软文主要内容
4	优化软文形式	插入数据表格、车型图片等，调整字体和排版格式，对软文进行优化
5	软文点评修改	保存编辑好的软文，交予教师进行点评、修改

（二）实施记录

将本任务的实施过程记录到表 3–3 和表 3–4 中。

表 3-3　查找车型资料

车型		款式		上市时间	
品牌特点					
参数配置					
车型卖点					
价格情况					
用户反馈					
资料来源					

表 3-4 编写汽车宣传软文

<table>
<tr><td>软文标题</td><td colspan="3"></td></tr>
<tr><td colspan="4">软文内容</td></tr>
<tr><td colspan="4"></td></tr>
<tr><td>软文作者</td><td></td><td>完成时间</td><td></td></tr>
</table>

五、检查

(一) 自检

结合任务实施过程和结果，对照表 3–5 进行自我检查，并将自检结果记录在表 3–5 中。

表 3–5 自检

检查项目	结果
是否按教师指定的车型查找、整理汽车软文素材资料	
软文标题是否突出、有吸引力	
软文内容是否包含车型的主要特点、性能指标、价格情况和经销商信息	
软文是否图文并茂、结构清晰	
软文表现形式效果如何	

（二）互检

结合任务实施过程和结果进行组与组之间的互检，并把检查结果填写在表 3–6 中。

表 3–6　互检

检查项目	结果
汽车软文素材资料是否合格	
软文标题是否突出、有吸引力	
软文内容是否包含车型的主要特点、性能指标、价格情况和经销商信息	
软文是否图文并茂、结构清晰	
软文表现形式效果如何	

六、课堂小结

____

____

____

任务四　微信图文推送（一）

微信图文推送任务工单——账号准备								
客户信息	姓　　名		职　　业		联系电话		信息来源	
	购车用途		预购车型		购车预算		预购时间	
汽车销售核心流程 网络营销 集客到店 售前准备 展厅接待 需求分析 产品介绍 试乘试驾 报价成交 新车交付 售后跟踪								
任务描述	制作平面广告图片 □		编写宣传软文 □		微信图文推送 □		网络营销 □	集客到店 □
	售前准备 □		展厅接待 □		需求分析 □		产品介绍 □	试乘试驾 □
	报价成交 □		新车 PDI 检查 □		新车交付 □		跟踪回访 □	处理投诉 □
明确具体工作任务								

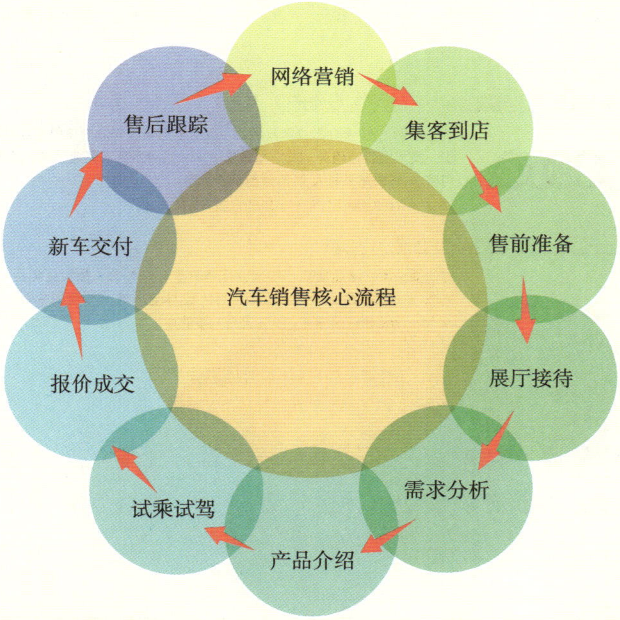

任务目标

- 能够掌握汽车网络营销方式
- 能够申请微信公众号
- 能够利用微信公众号推送汽车图文信息
- 能够收集有购买意向的客户信息资料

任务内容

- 汽车网络营销方式介绍
- 申请微信公众号的方法
- 微信公众号图文推送方法

任务重点

- 申请微信公众号并进行图文推送

一、信息链接

1. 汽车网络营销方式介绍

（1）搜索引擎推广。搜索引擎推广是通过购买搜索引擎排名以及研究关键词的流行程度和相关性，在搜索引擎的结果页面取得较高排名的一种网络营销方式，如图 4–1 所示。汽车生产企业在发布新产品和举办促销活动时，一般在百度、谷歌等搜索引擎上购买“汽车”“轿车”“购车”等热门关键词的排名，以增加相关信息的点击量，达到宣传推广产品的目的。

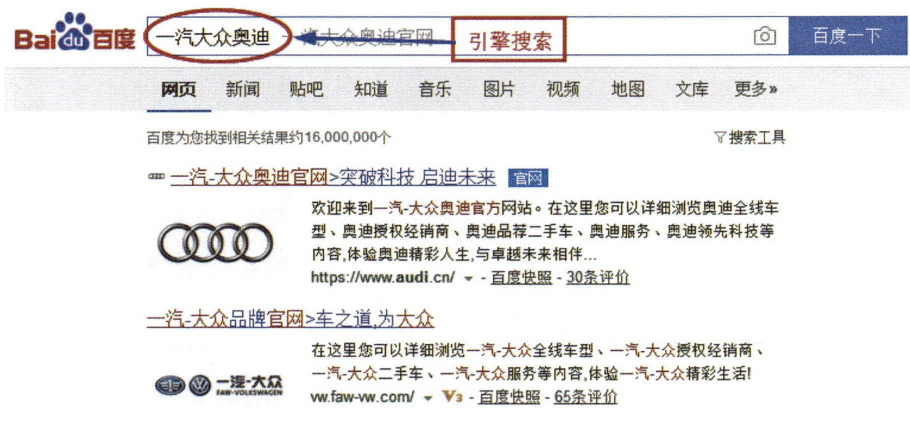

图 4–1　搜索引擎推广

（2）微博营销。微博营销是以微博作为营销平台，向客户（粉丝）传播企业信息或产品信息，以树立良好的企业和产品形象，从而影响消费群体的消费行为，最终达到营销目的的一种营销方式，如图 4–2 所示。

图 4–2　微博营销

（3）论坛营销。论坛营销是指利用汽车论坛网络交流平台，通过文字、视频、图片等方式发布企业产品和服务信息，并结合用户驾乘感受，让目标客户全面了解汽车信息，最终达到宣传企业品牌、提高市场认知度的一种营销方式，如图 4–3 所示。

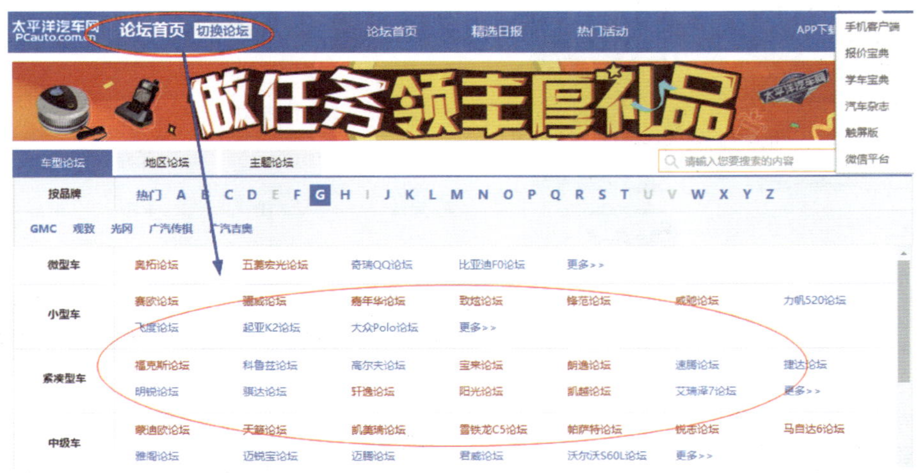

图 4–3 论坛营销

（4）微信营销。微信营销是伴随着微信的普及产生的一种汽车网络营销方式，汽车生产厂商或经销商可以通过微信向用户提供汽车产品信息和汽车销售信息，实现点对点营销。

微信营销的方式很多，如通过漂流瓶、位置签名、二维码、微信公众号等方式进行汽车网络营销，如图 4–4 所示。

图 4–4 微信营销

（5）手机 APP 营销。手机 APP 营销是指通过手机上运行的应用程序进行汽车营销的一种方式，用户可以通过手机客户端随时随地查看汽车产品介绍、新车型新闻、价格优惠、店面活动等信息。常见的汽车类 AFP 有汽车之家、太平洋汽车、汽车报价大全等，如图 4-5 所示。

图 4-5　手机 APP 营销

2. 申请微信公众号的方法

（1）在搜索引擎中搜索并进入“微信公众平台”。

（2）在微信公众平台界面中点击右上角的“立即注册”，跳转到注册界面。

（3）选择注册的账号类型。

（4）在注册界面中填写基本信息和一个可以正常使用的邮箱。

（5）通过邮箱验证，激活微信公众号。

（6）微信公众号激活后，进入信息登记模块，补充相关信息，完成注册。

（7）微信公众号注册完成后，有 1～7 天的审核期，在审核期内可以配置账号，编辑要发送的信息。

3. 微信公众号图文推送方法

（1）登录微信公众平台，输入账号和密码，进入微信公众号。

（2）进入编辑页面，在页面中点击“草稿箱”，选择“写新图文”。

（3）编辑标题并上传图片，要求重点突出，特色鲜明。

（4）编辑工文和摘要，正文和摘要可以直接在页面内编写，也可以将编辑好的文字粘贴进来，但粘贴后需要重新调整格式。

（5）图文信息编辑完成后，点击“预览”可以查看内容及排版是否存在问题。

（6）确认无误后，将制作的图文信息发送到指定人群的微信中。

二、任务准备

在下列图片中勾选出完成本任务所需的物品。

计算机	座机	手机	计算器
销售工具夹	驾驶证	写字板	中性笔
照相机	对讲机	经销商管理系统（DMS）	客户信息卡
实训整车	汽车配置展示架	抹布	销售顾问名片

三、任务分配

教师进行分组，每 5 名学生为一组并推选组长，组长对小组任务进行分配，组员按组长要求完成相关任务，并将小组成员的具体任务分工填入表 4–1 中。

表 4-1　任务分配表

任务	组长	人员分工	具体任务
微信图文推送			

四、任务实施

（一）实施步骤

微信图文推送的任务实施步骤见表 4-2。

表 4-2　微信图文推送的任务实施步骤

序号	实施步骤	实施内容
1	建立班级微信群	教师建立班级微信群，将所有学生拉入群中，为微信图文推送做准备
2	申请微信公众号	教师进行分组，每组 5 名同学，每个小组在网上申请 1 个微信公众号
3	关注微信公众号	班级学生将申请好的微信公众号全部添加关注
4	整理图文素材	各小组整理前期制作的汽车广告图片和编辑好的软文
5	登录微信公众号	各小组进入微信公众平台，输入账号和密码，登录申请好的微信公众号
6	编辑图文素材	点击“草稿箱”，再点击“写新图文”，进入素材编辑界面
		输入图文标题、作者姓名，把前期制作好的汽车广告图片和编辑好的汽车宣传软文复制、粘贴、上传到正文区；对导入的图片及软文进行排版和格式调整
7	保存预览	选择封面图片，填写图文摘要，点击“预览”，检查图文效果是否良好，并对编辑好的图文信息进行保存
8	群发图文信息	选择群发对象，完成群发
9	点评小组作品	所有学生用手机接收公众号信息，查看各小组发送的汽车宣传图文作品，教师安排各小组代表对作品进行点评
10	收集意向客户资料	通过微信和网络营销平台的客户反馈情况，填写客户信息卡

（二）实施记录

将本任务的实施过程记录到表 4-3 和表 4-4 中。

表 4-3　微信图文推送情况记录表

<table>
<tr><td rowspan="4">申请微信公众号</td><td>微信群名称</td><td colspan="2"></td><td>人数</td><td></td><td>加入微信群</td><td>是□　否□</td></tr>
<tr><td>学生分组</td><td>共分　　组</td><td colspan="2">申请公众号数量</td><td>共　　个</td><td>关注公众号</td><td>是□　否□</td></tr>
<tr><td rowspan="2">微信公众号账号或名称</td><td colspan="2">1.</td><td colspan="2">2.</td><td colspan="2">3.</td></tr>
<tr><td colspan="2">4.</td><td colspan="2">5.</td><td colspan="2">6.</td></tr>
</table>

续表

<table>
<tr><td>整理图文素材</td><td>整理汽车广告图片</td><td>是 □ 否 □</td><td colspan="2">整理汽车宣传软文</td><td colspan="3">是 □ 否 □</td></tr>
<tr><td rowspan="2">登录微信
公众平台</td><td rowspan="2">登录方式</td><td rowspan="2">手机登录 □
计算机登录 □</td><td>设置菜单</td><td>是 □ 否 □</td><td>共 个</td><td>有无子菜单</td><td>有 □ 无 □</td></tr>
<tr><td>菜单名称</td><td></td><td colspan="2"></td><td></td></tr>
<tr><td rowspan="4">编辑图文素材</td><td>标题</td><td colspan="2"></td><td>作者</td><td colspan="3"></td></tr>
<tr><td>图片数量</td><td></td><td>图片名称</td><td></td><td colspan="2"></td><td></td></tr>
<tr><td>软文内容</td><td colspan="6">车型概述 □ 车型卖点 □ 性能配置 □ 促销信息 □ 经销商信息 □
联系方式 □</td></tr>
<tr><td>内容摘要</td><td colspan="2"></td><td>格式调整</td><td colspan="3">字体 □ 图文位置 □</td></tr>
<tr><td rowspan="2">群发图文信息</td><td>图文预览</td><td colspan="6">图片清晰 □ 字体美观 □ 主题突出 □ 文章有创意 □ 标题有吸引力 □</td></tr>
<tr><td>群发信息</td><td colspan="6">群发前预览 □ 群发对象选择 □ 群发信息是否成功：是 □ 否 □</td></tr>
<tr><td rowspan="6">阅读点评
图文信息</td><td>1 组作品点评</td><td colspan="6"></td></tr>
<tr><td>2 组作品点评</td><td colspan="6"></td></tr>
<tr><td>3 组作品点评</td><td colspan="6"></td></tr>
<tr><td>4 组作品点评</td><td colspan="6"></td></tr>
<tr><td>5 组作品点评</td><td colspan="6"></td></tr>
<tr><td>6 组作品点评</td><td colspan="6"></td></tr>
</table>

表 4-4 客户信息卡

<table>
<tr><td rowspan="4">客户资料</td><td>客户姓名</td><td></td><td>QQ、微信</td><td colspan="4"></td></tr>
<tr><td>通信地址</td><td></td><td>邮编</td><td colspan="4"></td></tr>
<tr><td>工作单位</td><td></td><td>行业类别</td><td colspan="4"></td></tr>
<tr><td>单位地址</td><td colspan="3"></td><td>电话</td><td colspan="2"></td></tr>
<tr><td colspan="2">客户信息来源</td><td colspan="6">电视 □ 平面广告 □ 微信 □ 微博 □ 博客 □ 手机 APP □ 网站平台 □
搜索引擎 □</td></tr>
<tr><td colspan="2">客户欲购车型</td><td></td><td colspan="2">意向购车日期</td><td colspan="3"></td></tr>
<tr><td colspan="2">邀约方式</td><td colspan="6">展厅接待 □ 展厅活动 □ 客户来电 □ 主动去电 □ 短信 □ 拜访 □
电子邮件 □ 其他 □</td></tr>
<tr><td colspan="2">邀约内容</td><td colspan="6">预约来店 □ 车辆介绍 □ 价格谈判 □ 试乘试驾 □ 旧车评估 / 收购 □ 其他 □</td></tr>
<tr><td colspan="2">客户反馈</td><td colspan="6">接受活动邀约 □ 接受进店邀约 □ 接受试乘试驾 □ 接受旧车评估 / 收购 □
预约签约 □ 预约交款 □ 预约交车 □ 其他 □</td></tr>
<tr><td colspan="2" rowspan="4">跟进结果</td><td colspan="6">预约进店日期：5 天 □ 10 天 □ 15 天 □ 约定日期： 月 日 未知 □</td></tr>
<tr><td colspan="6">意向级别：O 级 □ H 级 □ A 级 □ B 级 □ C 级 □ N 级 □</td></tr>
<tr><td colspan="6">跟进级别：3 天至少跟进一次 □ 7 天至少跟进一次 □ 15 天至少跟进一次 □</td></tr>
<tr><td colspan="6">客户状态：继续跟进 □ 休眠 □ 支付定金 □ 成交 □ 战败 □</td></tr>
<tr><td colspan="2">备注</td><td></td><td>销售顾问</td><td></td><td>销售经理</td><td colspan="2"></td></tr>
</table>

五、检查

（一）自检

结合任务实施过程和结果，对照表 4–5 进行自我检查，并将自检结果记录在表 4–5 中。

表 4–5　自检

检查项目	结果
是否按教师要求加入班级微信群	
各小组是否申请微信公众号	
各小组是否能正确登录微信公众号	
图文信息中是否包含车型图片、促销信息和经销商信息	
图文编辑是否熟练，操作是否正确	
群发信息前是否进行预览	
是否顺利完成汽车宣传图文信息的群发	
是否用手机接收并阅读其他小组作品	

（二）互检

结合任务实施过程和结果进行组与组之间的互检，并把检查结果填写在表 4–6 中。

表 4–6　互检

检查项目	结果
是否按教师要求加入班级微信群	
各小组是否申请微信公众号	
各小组是否能正确登录微信公众号	
图文信息中是否包含车型图片、促销信息和经销商信息	
是否顺利完成汽车宣传图文信息的群发	
是否用手机接收并阅读其他小组作品	
是否对其他小组作品进行点评	

六、课堂小结

任务五　微信图文推送（二）

<table>
<tr><td colspan="9">微信图文推送任务工单——推送与客户信息收集</td></tr>
<tr><td rowspan="2">客户信息</td><td>姓　名</td><td></td><td>职　业</td><td></td><td>联系电话</td><td></td><td>信息来源</td><td></td></tr>
<tr><td>购车用途</td><td></td><td>预购车型</td><td></td><td>购车预算</td><td></td><td>预购时间</td><td></td></tr>
<tr><td colspan="9">汽车销售核心流程
网络营销
集客到店
售前准备
展厅接待
需求分析
产品介绍
试乘试驾
报价成交
新车交付
售后跟踪</td></tr>
<tr><td>任务描述</td><td colspan="8">制作平面广告图片 □　编写宣传软文 □　微信图文推送 □　网络营销 □　集客到店 □
售前准备 □　展厅接待 □　需求分析 □　产品介绍 □　试乘试驾 □
报价成交 □　新车 PDI 检查 □　新车交付 □　跟踪回访 □　处理投诉 □</td></tr>
<tr><td>明确具体工作任务</td><td colspan="8"></td></tr>
</table>

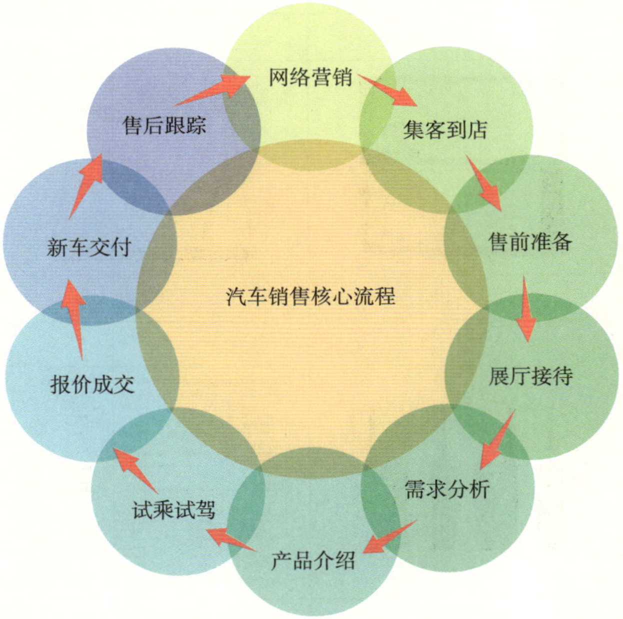

任务目标

- 能够掌握汽车网络营销方式
- 能够申请微信公众号
- 能够利用微信公众号推送汽车图文信息
- 能够收集有购买意向的客户信息资料

任务内容

- 汽车网络营销方式介绍
- 申请微信公众号的方法
- 微信公众号图文推送方法

任务重点

- 申请微信公众号并进行图文推送

一、任务准备

在下列图片中勾选出完成本任务所需的物品。

 计算机	 座机	 手机	 计算器
 销售工具夹	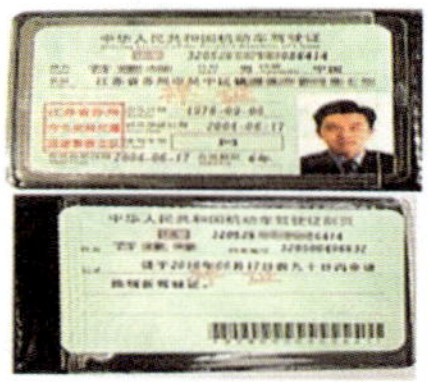 驾驶证	 写字板	 中性笔
 照相机	 对讲机	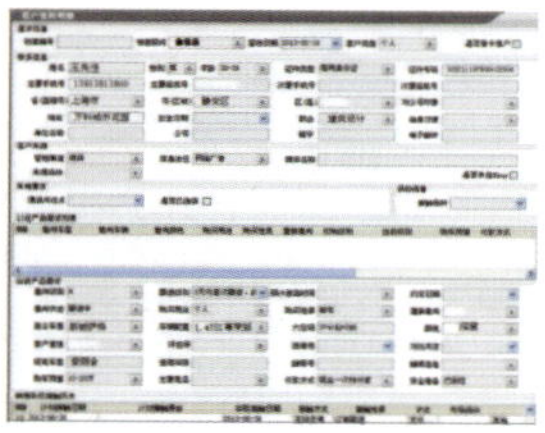 经销商管理系统（DMS）	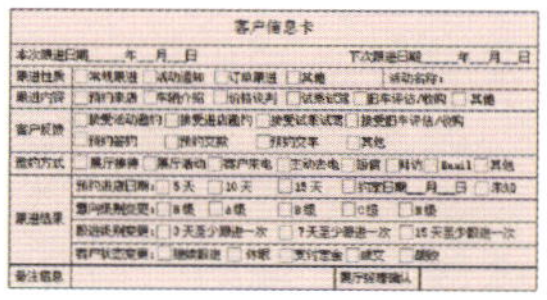 客户信息卡
 实训整车	 汽车配置展示架	 抹布	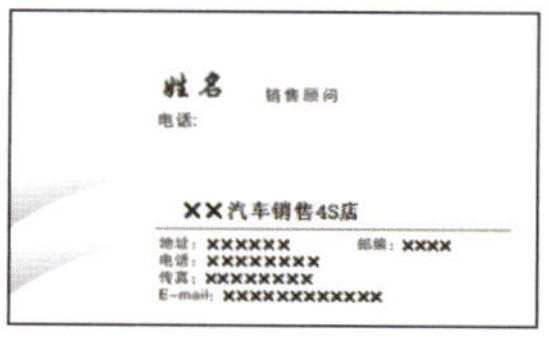 销售顾问名片

二、任务分配

教师进行分组，每 5 名学生为一组并推选组长，组长对小组任务进行分配，组员按组长要求完成相关任务，并将小组成员的具体任务分工填入表 5–1 中。

表 5-1 任务分配表

任务	组长	人员分工	具体任务
微信图文推送			

三、任务实施

（一）实施步骤

微信图文推送的任务实施步骤见表 5-2。

表 5-2 微信图文推送的任务实施步骤

序号	实施步骤	实施内容
1	建立班级微信群	教师建立班级微信群，将所有学生拉入群中，为微信图文推送做准备
2	申请微信公众号	教师进行分组，每组 5 名同学，每个小组在网上申请 1 个微信公众号
3	关注微信公众号	班级学生将申请好的微信公众号全部添加关注
4	整理图文素材	各小组整理前期制作的汽车广告图片和编辑好的软文
5	登录微信公众号	各小组进入微信公众平台，输入账号和密码，登录申请好的微信公众号
6	编辑图文素材	点击“草稿箱”，再点击“写新图文”，进入素材编辑界面
		输入图文标题、作者姓名，把前期制作好的汽车广告图片和编辑好的汽车宣传软文复制、粘贴、上传到正文区；对导入的图片及软文进行排版和格式调整
7	保存预览	选择封面图片，填写图文摘要，点击“预览”，检查图文效果是否良好，并对编辑好的图文信息进行保存
8	群发图文信息	选择群发对象，完成群发
9	点评小组作品	所有学生用手机接收公众号信息，查看各小组发送的汽车宣传图文作品，教师安排各小组代表对作品进行点评
10	收集意向客户资料	通过微信和网络营销平台的客户反馈情况，填写客户信息卡

（二）实施记录

将本任务的实施过程记录到表 5-3 和表 5-4 中。

表 5-3 微信图文推送情况记录表

申请微信公众号	微信群名称		人数		加入微信群	是 □ 否 □
	学生分组	共分 组	申请公众号数量	共 个	关注公众号	是 □ 否 □
	微信公众号账号或名称	1.		2.	3.	
		4.		5.	6.	
整理图文素材	整理汽车广告图片	是 □ 否 □	整理汽车宣传软文		是 □ 否 □	

续表

登录微信公众平台	登录方式	手机登录 □ 计算机登录 □	设置菜单	是 □ 否 □	共 个	有无子菜单	有 □ 无 □
			菜单名称				
编辑图文素材	标题			作者			
	图片数量		图片名称				
	软文内容	车型概述 □ 车型卖点 □ 性能配置 □ 促销信息 □ 经销商信息 □ 联系方式 □					
	内容摘要				格式调整	字体 □ 图文位置 □	
群发图文信息	图文预览	图片清晰 □ 字体美观 □ 主题突出 □ 文章有创意 □ 标题有吸引力 □					
	群发信息	群发前预览 □ 群发对象选择 □ 群发信息是否成功：是 □ 否 □					
阅读点评图文信息	1 组作品点评						
	2 组作品点评						
	3 组作品点评						
	4 组作品点评						
	5 组作品点评						
	6 组作品点评						

表 5-4 客户信息卡

客户资料	客户姓名		QQ、微信			
	通信地址		邮编			
	工作单位		行业类别			
	单位地址				电话	
客户信息来源		电视 □ 平面广告 □ 微信 □ 微博 □ 博客 □ 手机 APP □ 网站平台 □ 搜索引擎 □				
客户欲购车型			意向购车日期			
邀约方式		展厅接待 □ 展厅活动 □ 客户来电 □ 主动去电 □ 短信 □ 拜访 □ 电子邮件 □ 其他 □				
邀约内容		预约来店 □ 车辆介绍 □ 价格谈判 □ 试乘试驾 □ 旧车评估 / 收购 □ 其他 □				
客户反馈		接受活动邀约 □ 接受进店邀约 □ 接受试乘试驾 □ 接受旧车评估 / 收购 □ 预约签约 □ 预约交款 □ 预约交车 □ 其他 □				
跟进结果		预约进店日期：5 天 □ 10 天 □ 15 天 □ 约定日期： 月 日 未知 □				
		意向级别：O 级 □ H 级 □ A 级 □ B 级 □ C 级 □ N 级 □				
		跟进级别：3 天至少跟进一次 □ 7 天至少跟进一次 □ 15 天至少跟进一次 □				
		客户状态：继续跟进 □ 休眠 □ 支付定金 □ 成交 □ 战败 □				
备注			销售顾问		销售经理	

四、检查

（一）自检

结合任务实施过程和结果，对照表 5–5 进行自我检查，并将自检结果记录在表 5–5 中。

表 5–5　自检

检查项目	结果
是否按教师要求加入班级微信群	
各小组是否申请微信公众号	
各小组是否能正确登录微信公众号	
图文信息中是否包含车型图片、促销信息和经销商信息	
图文编辑是否熟练，操作是否正确	
群发信息前是否进行预览	
是否顺利完成汽车宣传图文信息的群发	
是否用手机接收并阅读其他小组作品	

（二）互检

结合任务实施过程和结果进行组与组之间的互检，并把检查结果填写在表 5–6 中。

表 5–6　互检

检查项目	结果
是否按教师要求加入班级微信群	
各小组是否申请微信公众号	
各小组是否能正确登录微信公众号	
图文信息中是否包含车型图片、促销信息和经销商信息	
是否顺利完成汽车宣传图文信息的群发	
是否用手机接收并阅读其他小组作品	
是否对其他小组作品进行点评	

五、课堂小结

情境二

汽车销售服务接待

任务六　集客到店

集客到店任务工单

客户信息	姓　　名		职　　业		联系电话		信息来源	
	购车用途		预购车型		购车预算		预购时间	

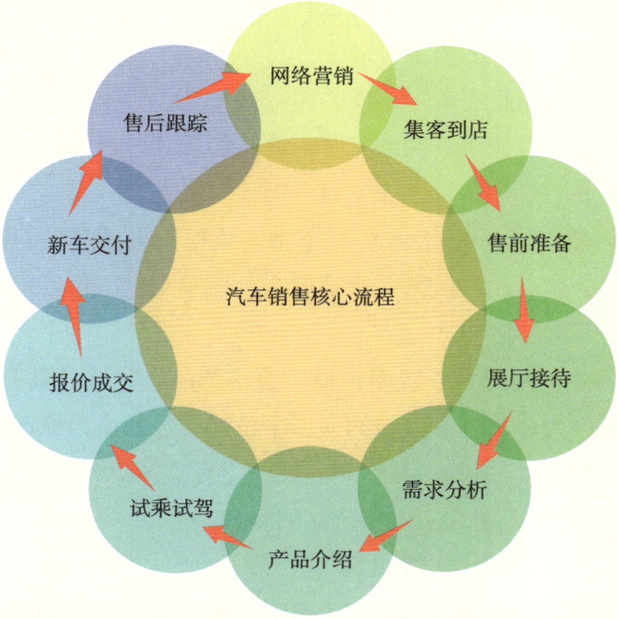

汽车销售核心流程
网络营销
集客到店
售前准备
展厅接待
需求分析
产品介绍
试乘试驾
报价成交
新车交付
售后跟踪

任务描述					
	制作平面广告图片 □	编写宣传软文 □	微信图文推送 □	网络营销 □	集客到店 □
	售前准备 □	展厅接待 □	需求分析 □	产品介绍 □	试乘试驾 □
	报价成交 □	新车 PDI 检查 □	新车交付 □	跟踪回访 □	处理投诉 □

明确具体工作任务	

任务目标

- 掌握汽车销售顾问的岗位职责
- 掌握汽车销售核心流程
- 能够对潜在客户进行开发和管理
- 能够运用不同的方法邀约客户

任务内容

- 汽车销售顾问的岗位职责
- 4S 店汽车销售流程
- 潜在客户的开发
- 潜在客户管理方式
- 客户邀约

任务重点

- 潜在客户的开发与管理
- 客户邀约的方法

一、信息链接

1. 汽车销售顾问的岗位职责

汽车销售顾问是为客户提供专业汽车消费咨询和导购服务的销售服务人员。其岗位职责包括：

（1）掌握并传递品牌文化和产品知识。

（2）掌握购买保险、上牌、二手车置换、汽车装潢等知识。

（3）主动寻找潜在客户（潜客）并进行开发，邀请客户到店。

（4）展厅车辆的保洁和移位，办公环境的保洁、布置和维护。

（5）按照销售核心流程接待到店或来电客户。

（6）掌握各种销售技巧，能解决客户提出的各种问题。

（7）协助解决用户投诉，确保用户满意。

（8）收集竞争对手信息并及时汇报。

（9）建立客户档案，定期对有望客户和成交客户进行跟踪和回访。

2. 4S 店汽车销售流程

任务工单中的汽车销售核心流程即为 4S 店汽车销售流程，包括网络营销、集客到店、售前准备、展厅接待、需求分析、产品介绍、试乘试驾、报价成交、新车交付、售后跟踪等环节。

3. 潜在客户的开发

（1）潜在客户。潜在客户是指对企业或经销商销售的产品有需求且具有购买力的人或单位。广义上讲，凡是在经销商市场区域内，一切有需求的人或单位都有可能成为该产品的潜在客户。

（2）潜在客户的类型。汽车 4S 店的潜在客户主要分为有望客户和无望客户。

1）有望客户是指已经接触，有望购买汽车产品的客户。

2）无望客户是指已经接触，但无法联系的客户。

（3）潜在客户的开发方法。汽车经销商除了利用网络营销方式获取潜在客户信息，通常还可以通过以下方法进行潜在客户开发。

1）市场推广。汽车生产商或经销商在当地或有关媒体上开展相关市场推广活动，以提高经销商（4S 店）展厅的客户到店或来电数量。市场推广方法包括在电视、广播、报纸、杂志上投放广告，举行车展、新车上市发布会、小区巡展、店面促销活动等。

2）经销商外拓。经销商针对区域内相关人群或团体进行市场开拓，或在区域内人群集中地区举办车辆展示会。

3）情报站开发。对区域内社会知名人士、行业客户、二手车置换中心、修理厂、车管所等特定对象或场所，由总经理或销售经理亲自建立关系并进行日常维护，以达到收集潜客信息的目的。

4）基盘客户推荐。通过基盘客户或亲朋好友的推荐，产生新的潜在客户。

4. 潜在客户管理方式

（1）分级管理。按照预计购车成交时间的长短，可以将潜在客户分为 O、H、A、B、C、N 等几个级别，见表 6–1。

表 6-1 潜在客户的级别

潜在客户级别	预计购车成交时间	潜在客户动态	跟进时间标准
O 级	按照订单约定时间	定金已收	根据实际情况而定
H 级	7 天内成交	车型、颜色、付款方式、提车时间均已确定，资金也已准备完毕	24 h 内首次电话跟进，此后每天跟进一次
A 级	1 个月内成交	已就产品价格、衍生服务、购车时间等进行商谈，并约定了下次谈判时间	24 h 内首次电话跟进，此后每 3 天跟进一次
B 级	1 ~ 3 个月内成交	商谈中表示有购车意愿，正在对车型、车价等进行考虑	3 天内电话跟进一次，此后每 7 天跟进一次
C 级	3 ~ 6 个月内成交	表示在较长的一个确定的时间内有购车打算	7 天内电话跟进一次，此后每 30 天跟进一次
N 级	无明确购买时间	购买意向不明确或对竞争对手车辆的购买意向更为强烈	7 天内电话跟进一次，此后每逢节假日短信问候

注：客户跟进时间标准以与客户约定的访问时间为第一优先，以经销商销售活动的时间为参考，可适当调整。

（2）建立并管理潜在客户档案。在计算机上通过经销商管理系统（DMS），输入潜在客户信息。如没有 DMS，则必须及时填写客户信息卡。

5. 客户邀约

（1）主动邀约。常见的主动邀约方式包括打电话、发短信、发送电子邮件、邮寄物品、利用聊天工具、上门拜访和展厅约见等。

1）打电话。打电话可以直接获取客户购车需求和相关信息。

2）发短信。发短信能及时、有效地传递信息，又不需要接收者当即做出回答，对接收者打扰程度不高，更符合中国人的心理特点。但通过短信进行营销不宜太过频繁，以免使客户感到厌烦。

3）发送电子邮件。利用电子邮件可以方便、快捷地进行客户跟进和产品宣传，邮件内容可以多样化，文字、图片、动画、视频等均可通过邮件发送给客户。

4）邮寄物品。可以向客户邮寄产品资料、车型目录、汽车杂志、贺卡、小礼物、活动邀请函、参观券等。

5）利用聊天工具。利用 QQ 或微信等聊天工具，可以方便、快捷地与潜在客户进行沟通，获取客户信息。

6）上门拜访。上门拜访是成功率最高的一种客户跟进办法，但要选择合适的拜访理由，注意拜访礼节。

7）展厅约见。邀约客户到展厅参观，了解车型信息，促进销售。

（2）被动邀约。被动邀约是指当客户通过来电、到店或者发送电子邮件等方式咨询了解汽车销售信息时，销售顾问被动进行客户邀约的一种方式。来电邀约的一般流程如下：

1）做好接受各种来电问询的准备。

2）前台接待人员要在电话铃响 3 声以内接听电话。

3）由前台接待人员根据客户需求转接电话，并将来电数量计入客户流量登记表。

4）由销售顾问回答问询并邀约潜在客户。

5）及时填写客户信息卡或将客户信息录入 DMS。

二、任务准备

在下列图片中勾选出完成本任务所需的物品。

 计算机	 座机	 手机	 计算器
 销售工具夹	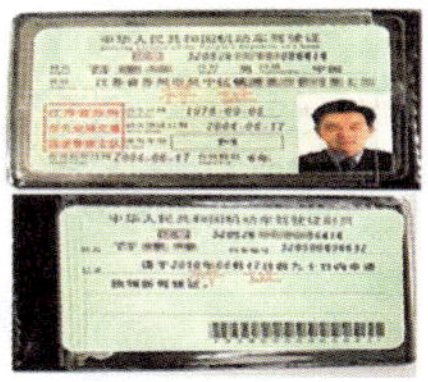 驾驶证	 写字板	 中性笔
 照相机	 对讲机	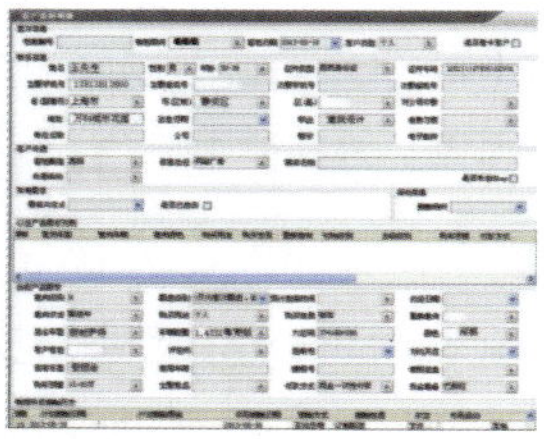 经销商管理系统（DMS）	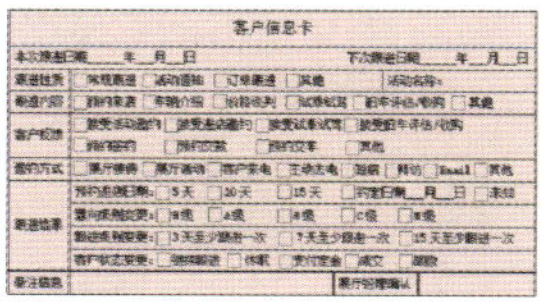 客户信息卡
 实训整车	 汽车配置展示架	 抹布	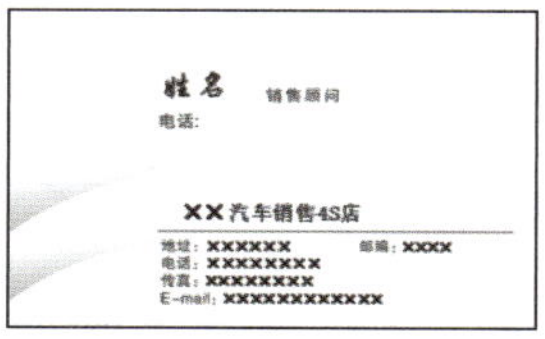 销售顾问名片

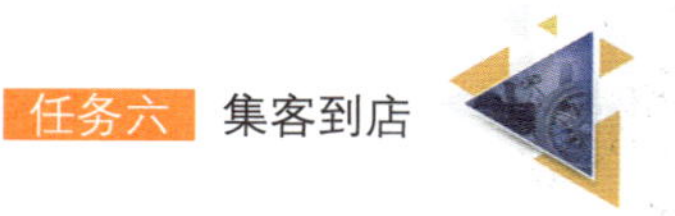

三、任务分配

教师进行分组，每 5 名学生为一组并推选组长。组长对小组任务进行分配，按照 4S 店岗位人员分类，组员分别扮演不同的人物角色进行情景演练，并将小组成员的具体任务分工填入表 6–2 中。

表 6–2　任务分配表

任务	组长	人员分工	具体任务
集客到店演练			

四、任务实施

（一）实施步骤

集客到店的任务实施步骤见表 6–3。

表 6–3　集客到店的任务实施步骤

序号	实施步骤	实施内容
1	进行分组	按每 5 名学生为一组进行分组并推选组长，小组成员分别扮演不同的角色
2	任务讨论	针对潜在客户开发方式、潜在客户管理方式、客户邀约方式展开组内讨论
3	情景演练	各小组成员分别扮演不同的角色，演练打电话邀约客户和利用聊天工具（QQ 或微信）邀约客户
4	观察记录	各小组认真观察、记录情景演练同学陈述的内容，并在演练结束后选出一名代表陈述演练结果
5	点评总结	由教师带领学生对演练过程进行点评和总结，学员将情景演练情况填入实施记录表

（二）实施记录

将本任务的实施过程记录到表 6–4 和表 6–5 中。

表 6–4　集客到店记录表

邀约方式	过程记录

表 6-5 客户信息卡

<table>
<tr><td rowspan="4">客户资料</td><td>客户姓名</td><td colspan="2"></td><td>QQ、微信</td><td colspan="2"></td></tr>
<tr><td>通信地址</td><td colspan="2"></td><td>邮编</td><td colspan="2"></td></tr>
<tr><td>工作单位</td><td colspan="2"></td><td>行业类别</td><td colspan="2"></td></tr>
<tr><td>单位地址</td><td colspan="3"></td><td>电话</td><td></td></tr>
<tr><td colspan="2">客户信息来源</td><td colspan="5">电视 □　平面广告 □　微信 □　微博 □　博客 □　手机 APP □　网站平台 □
搜索引擎 □</td></tr>
<tr><td colspan="2">客户欲购车型</td><td colspan="2"></td><td>意向购车日期</td><td colspan="2"></td></tr>
<tr><td colspan="2">邀约方式</td><td colspan="5">展厅接待 □　展厅活动 □　客户来电 □　主动去电 □　短信 □　拜访 □
电子邮件 □　其他 □</td></tr>
<tr><td colspan="2">邀约内容</td><td colspan="5">预约来店 □　车辆介绍 □　价格谈判 □　试乘试驾 □　旧车评估 / 收购 □　其他 □</td></tr>
<tr><td colspan="2">客户反馈</td><td colspan="5">接受活动邀约 □　接受进店邀约 □　接受试乘试驾 □　接受旧车评估 / 收购 □
预约签约 □　预约交款 □　预约交车 □　其他 □</td></tr>
<tr><td colspan="2" rowspan="4">跟进结果</td><td colspan="5">预约进店日期：5 天 □　10 天 □　15 天 □　约定日期：　月　日　未知 □</td></tr>
<tr><td colspan="5">意向级别：O 级 □　H 级 □　A 级 □　B 级 □　C 级 □　N 级 □</td></tr>
<tr><td colspan="5">跟进级别：3 天至少跟进一次 □　7 天至少跟进一次 □　15 天至少跟进一次 □</td></tr>
<tr><td colspan="5">客户状态：继续跟进 □　休眠 □　支付定金 □　成交 □　战败 □</td></tr>
<tr><td colspan="2">备注</td><td></td><td>销售顾问</td><td></td><td>销售经理</td><td></td></tr>
</table>

五、检查

（一）自检

结合任务实施过程和结果，对照表 6-6 进行自我检查，并将自检结果记录在表 6-6 中。

表 6-6 自检

检查项目	结果
是否讨论如何进行潜在客户开发和管理	
是否讨论客户邀约的方式	
是否按 4S 店岗位进行角色扮演	
进行了哪些客户邀约情景演练	
情景演练是否达到预期效果，有哪些不足	
是否及时记录情景演练过程	

（二）互检

根据任务实施过程和结果进行组与组之间的互检，并把检查结果填写在表 6-7 中。

表 6-7 互检

检查项目	结果
是否讨论如何进行潜在客户开发和管理	
是否讨论客户邀约的方式	
是否按 4S 店岗位进行角色扮演	
进行了哪些客户邀约情景演练	
情景演练是否达到预期效果，有哪些不足	
是否及时记录情景演练过程	

六、课堂小结

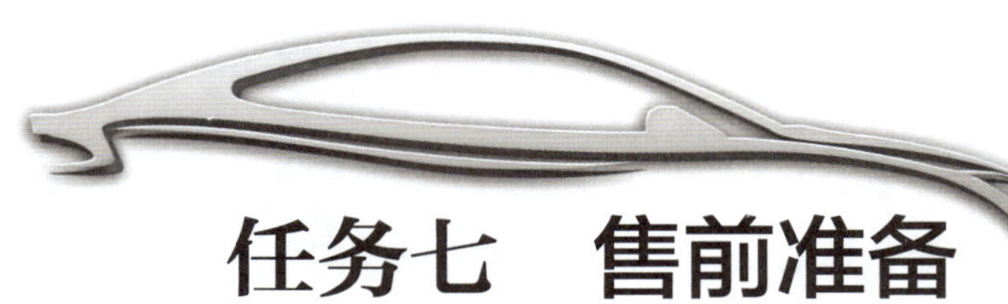

任务七 售前准备

<table>
<tr><td colspan="9">售前准备任务工单</td></tr>
<tr><td rowspan="2">客户信息</td><td>姓　　名</td><td></td><td>职　　业</td><td></td><td>联系电话</td><td></td><td>信息来源</td><td></td></tr>
<tr><td>购车用途</td><td></td><td>预购车型</td><td></td><td>购车预算</td><td></td><td>预购时间</td><td></td></tr>
<tr><td colspan="9"> 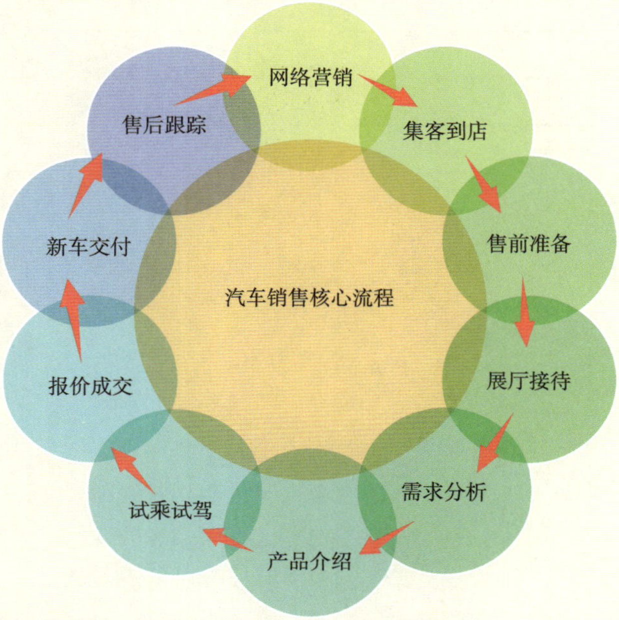汽车销售核心流程
网络营销 → 集客到店 → 售前准备 → 展厅接待 → 需求分析 → 产品介绍 → 试乘试驾 → 报价成交 → 新车交付 → 售后跟踪 → 网络营销</td></tr>
<tr><td>任务描述</td><td colspan="8">制作平面广告图片 □　编写宣传软文 □　微信图文推送 □　网络营销 □　集客到店 □
售前准备 □　展厅接待 □　需求分析 □　产品介绍 □　试乘试驾 □
报价成交 □　新车 PDI 检查 □　新车交付 □　跟踪回访 □　处理投诉 □</td></tr>
<tr><td>明确具体工作任务</td><td colspan="8"></td></tr>
<tr><td>任务目标</td><td colspan="8">● 能够准备好仪容仪表和销售工具夹
● 能够对展厅和展车进行清洁维护
● 了解召开晨会的目的及其内容</td></tr>
<tr><td>任务内容</td><td colspan="8">● 汽车销售顾问应具备的能力、业务素质及专业知识
● 售前准备工作的内容</td></tr>
<tr><td>任务重点</td><td colspan="8">● 展厅整体环境的准备和展厅展车的准备
● 销售顾问销售工具夹的准备</td></tr>
</table>

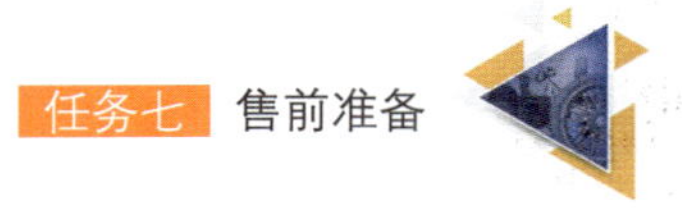

一、信息链接

1. 汽车销售顾问应具备的能力

（1）观察能力。汽车销售顾问应具备较强的观察能力，以把握客户行为动机，听出客户言外之意，理清客户间关系，获取更多客户信息等。

（2）记忆能力。汽车销售顾问应能记住客户的姓名、工作单位，关注的车型、颜色、竞品车型，对客户的初次报价，以及给客户的承诺等。

（3）交往能力。汽车销售顾问应具备较好的沟通交往能力，为此男销售可适当关注体育、财经、美食等方面的信息；女销售可适当关注化妆、旅游、服装等方面的信息。

（4）应变能力。汽车销售顾问应具备灵活、果断、冷静的应变能力，以应对客户的各种要求并与客户议价。

（5）思维能力。汽车销售顾问的思维应具备一定的全面性、深刻性、独立性、敏捷性和逻辑性。

（6）演示能力。汽车销售顾问应能熟练演示产品，协助客户进行试乘试驾。

2. 汽车销售顾问应具备的业务素质

（1）仪表得体。讲究卫生，外表整洁，举止优雅，行为得体。

（2）谈吐得当。用词恰当，发音清晰准确，不用俗语。

（3）注重礼仪。尊重客户，如主动为客户开门、谈话时进行目光交流、不与客户争辩、对自己所说的话负责等。

（4）态度友好。为客户提供热情服务的同时不一味推销，与客户自然相处。

3. 汽车销售顾问应具备的专业知识

（1）企业知识。了解企业的基本情况、销售政策和能提供的服务项目等。

（2）产品知识。了解所售车型的性能、颜色和参数配置等。

（3）市场知识。了解所售车型的市场占有率、与竞品车型相比的优势等。

（4）用户知识。了解客户群体的消费习惯、购买动机、车型喜好及购买力等。例如，从事小商品经营的客户一般喜欢空间大的车型，以方便携带货物；从事路桥施工作业的客户偏好越野性能好的SUV等。

4. 售前准备工作的内容

售前准备工作主要包括销售顾问仪容仪表准备、展厅环境准备（展厅维护与清洁）、展厅展车准备（展车维护与清洁）、展厅其他宣传物品准备、召开晨会和销售工具夹准备等内容。

（1）销售顾问仪容仪表准备。销售顾问的仪容仪表要求如图 7–1 所示，具体如下：

1）统一着装，佩戴公司胸卡，男士戴领带，女士戴丝巾。

2）男士不佩戴饰物，女士的饰物应小巧精致且不宜过多，忌戴奢侈的饰品，禁止戴戒指。

3）穿深色皮鞋并保持整洁，袜子颜色应与衣着颜色和谐统一。

4）发式整齐、无头屑、不遮脸、不染发；男士两鬓不遮耳，发长后不过衣领；女士长发需盘起或扎起。

5）双手保持清洁，指甲修剪整齐，不留长指甲，不染指甲。

6）女士化淡妆，喷洒清淡香水；男士口气清新，无异味和烟味。

7）站立时应双肩放松，抬头挺胸，下颌微收，双目平视，嘴微闭，保持微笑状，双手叠放于小腹前。男士左手搭在右手上，身体挺拔直立，双脚开度与肩同宽；女士右手搭在左手上，脚跟并拢呈“V”字形或“丁”字形站立。

8）坐下时，男士两膝分开，两脚平落地面，小腿与地面垂直，膝盖微打开，与肩同宽，身体微微前倾，双手轻握于腿上或两手分开放于膝盖或桌面上，双脚的脚跟靠拢；女士两膝并拢，双腿向前或同时侧向一方，脚跟并拢，脚尖微微分开，两手轻轻放于膝盖或桌面上。

9）行走时要保持身体姿态端正，步伐从容，步幅适中，步速均匀。

10）与男士握手时要握实，与女士握手时只需轻轻握住女士的手指尖处。握手的顺序应按照上级在先、长者在先、女性在先。

图 7-1　销售顾问的仪容仪表要求

（2）展厅环境准备。展厅环境准备包括展厅整体的准备、业务洽谈区的准备、儿童游乐区的准备、品牌文化区的准备、卫生间的准备和客户休息区的准备等内容。

1）展厅整体的准备（见图 7-2）

①展厅地面、墙面、展台、灯具、空调、视听设备等应保持干净整洁，且所有设备均处于可正常使用的状态。

②展厅玻璃窗（墙）应保持干净明亮，定时进行清洁。

③展厅内相关标识应干净整洁，且保持完好。

④展厅内应悬挂产品或促销活动宣传海报。

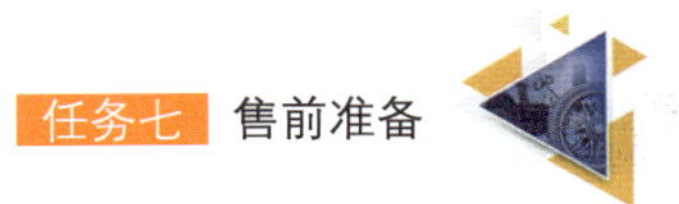

⑤展厅内产品价格牌上的内容应与展示车辆保持一致。

⑥展厅内应保持足够的亮度和适宜的温度，让客户感觉舒适。

⑦营业期间展厅内应播放舒缓、优雅的轻音乐或相关产品广告。

⑧展厅内相关宣传资料应定期进行更换。

图 7-2　展厅整体的准备

2）业务洽谈区的准备

①座椅应摆放整齐，桌面应保持整洁。若桌面上备有烟灰缸，则烟灰缸内的烟头不应超过 3 个。销售顾问每次送走客户时应立即把用过的烟灰缸清理干净。

②应在业务洽谈区设立杂志架，摆放客户有可能感兴趣的杂志等。

③应在业务洽谈区摆放绿色盆栽植物，并确保植物生长状态良好。

3）儿童游乐区的准备（见图 7-3）

①儿童游乐区的位置不宜离楼梯、展车、电视、展示牌、色板架、资料架等太近，确保展厅内的客户能看见儿童的活动情况，并安排专人负责儿童活动时的看护工作（建议为女性）。

②儿童游乐区内的玩具和设施应符合国家有关安全标准要求，且均处于可正常使用状态。

③儿童游乐区禁止穿鞋进入，应时刻保持干净。

4）品牌文化区（见图 7-4）和卫生间的准备

①品牌文化区的文化背景图片应定期更换。

②品牌文化区内如有客户或儿童拿放或把玩展示物品，应友善阻止。

③品牌文化区和卫生间内所有设施应保持干净整洁，且功能正常。

（3）展厅展车准备。展厅展车的准备包括展车的摆放、展车外部的清洁与维护、展车内部的清洁与维护。

1）展车的摆放

①展车摆放数量应达到展厅设计的要求，并尽可能车型齐全。

图 7-3　儿童游乐区的准备

图 7-4　品牌文化区的准备

②展车应摆放在规定的车型区域内，并注意车型搭配和颜色搭配。

③各展车之间应留有合适的距离，以便于客户观赏与体验。

④展车摆放位置可以配合产品推广和销售活动进行调整。

⑤个别展车应装备精品，以促进精品的销售。

⑥展车旁应放置产品价格牌，并确保牌上信息与展车一致。

2）展车外部的清洁与维护（见图 7-5）

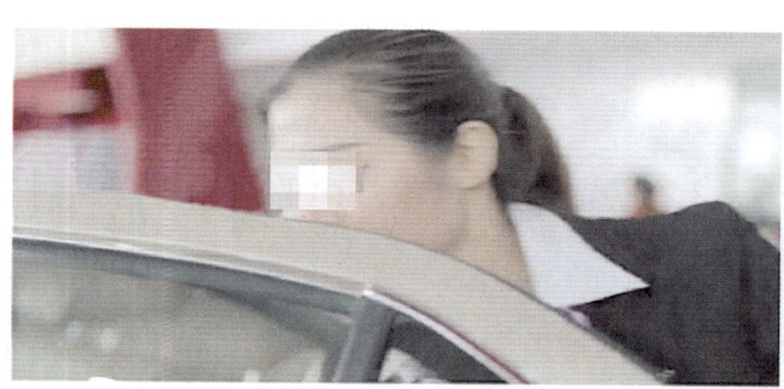

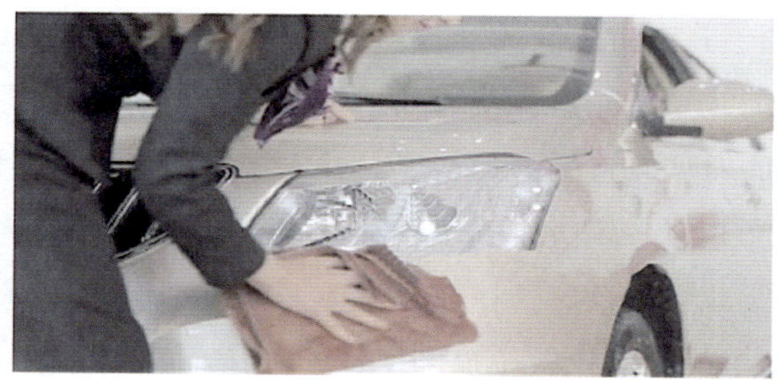

图 7-5　展车外部的清洁与维护

①展车应去除涂层保护膜，车身应进行清洗、打蜡处理，做到远看无灰尘、近看无手印；其他区域如散热器格栅、门框、门缝、门槛、玻璃槽、门拉手、排气管等都应擦拭干净，不留死角；风窗玻璃和车窗玻璃要保持明亮；发动机舱内要做到客户视线范围内没有灰尘和水渍。

②展车轮胎下方应放置车垫，要做到位置不偏不斜，无污渍。

③轮胎需经过清洗、上光，各轮胎翼子板内衬应冲洗干净，轮胎导水槽内应保持清洁、无异物。

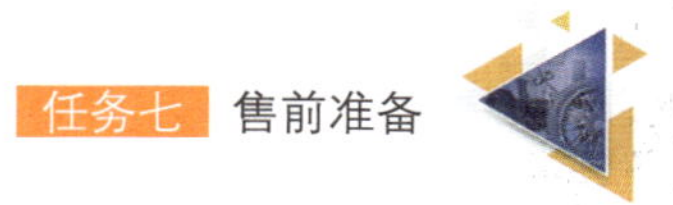

④轮胎中间轮辋盖上的品牌 logo 应保持水平向上。

⑤展车车门和行李舱应保持可开启状态，展出前车窗玻璃应完全放下，天窗斜开，以方便客户参观。

⑥展车前、后牌照位置应粘贴展车铭牌，展车上不能摆放宣传资料等非装饰性物品。

3）展车内部的清洁与维护（见图 7–6）

①确保展车蓄电池电量充足，以方便客户体验。

②展车内部要保持清洁，去除座椅、遮阳板、天窗、转向盘、门把手、车顶面板等部件的塑料保护套。

③展车前排座椅应保持与 B 柱平行，且降到最低的位置。

④转向盘长度应调整至最短（最靠近仪表盘）、最上的位置，方便客户上、下车。

⑤车内应准备 3 组不同音乐风格的 CD，收音机应调到当地常用、清晰的 FM 频道，车内时钟应该校准。

⑥中央扶手箱、手套箱、车门内侧杂物箱、前座椅靠背后的物品袋内均不能放置任何杂物；展车内附件要齐全，天线、烟灰缸、点烟器、原厂脚垫安装到位；车内禁止摆放与展示无关的杂物，禁止在展车内抽烟。

⑦行李舱内应干净整洁，不得出现与展示无关的杂物。

图 7–6 展车内部的清洁与维护

（4）展厅其他宣传物品准备。展厅其他宣传物品准备包括资料展示架的准备、色板展示架的准备、液晶显示屏的准备和宣传展板的准备等，如图 7–7 所示。

（5）召开晨会。销售顾问每天早晨上班前，应参加由销售经理或主管召开的晨会，通过晨会回顾昨日的销售情况；梳理存在的问题，并提出整改意见；传达新的销售政策与信息；检查销售顾问的仪容仪表；检查展厅及展车环境；安排当天的工作重点和主要任务等。晨会的时间一般控制在 10 min 以内，如某次晨会时间较长，组织人员应提前通知。晨会的召开如图 7–8 所示。

图 7–7　展厅其他宣传物品的准备

图 7–8　召开晨会

（6）销售工具夹准备。通常汽车销售顾问都配有销售工具夹，在晨会前汽车销售顾问应自行检查销售工具夹内的物品是否齐全。常见的销售工具夹内的物品包括办公用品和表格资料两类，如图 7–9 所示。

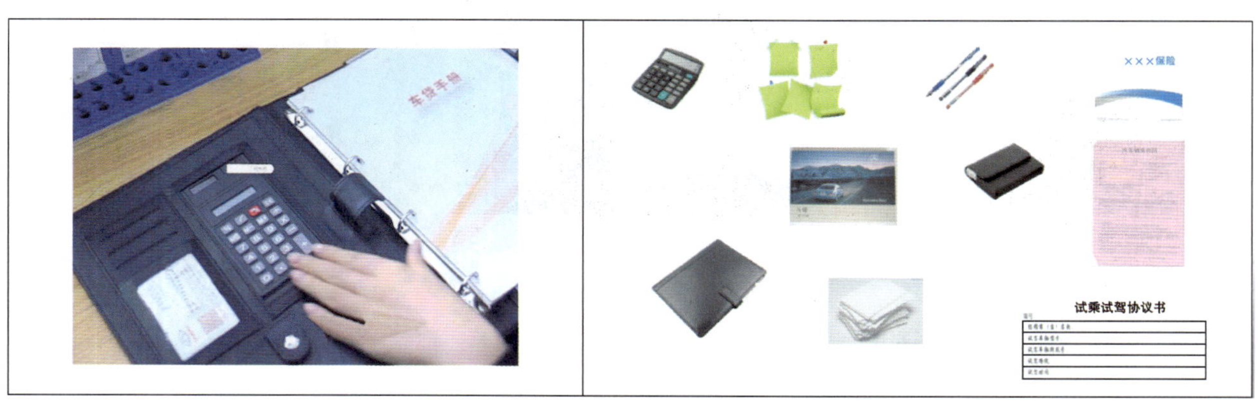

图 7–9　销售工具夹的准备

1）办公用品。包括名片、笔、计算器、对讲机、耳机、记事本、平板计算机等。

2）表格资料。包括产品报价单、销售合同、欢迎包、按揭文件、保险文件、产品资料、宣传画册、剪报资料、竞品比较材料、客户需求信息表、保养服务单、店内各部门电话表等。

二、任务准备

在下列图片中勾选出完成本任务所需的物品。

计算机	座机	手机	计算器
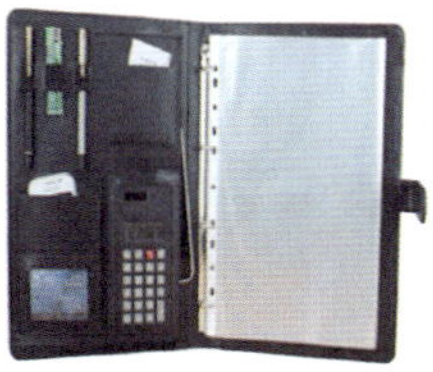	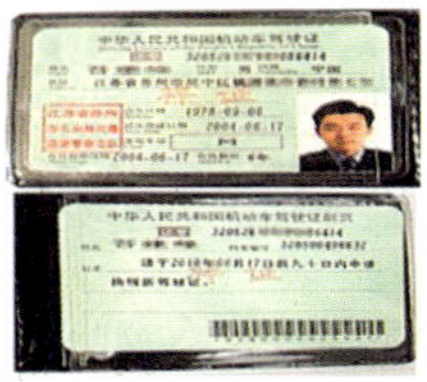		
销售工具夹	驾驶证	写字板	中性笔
		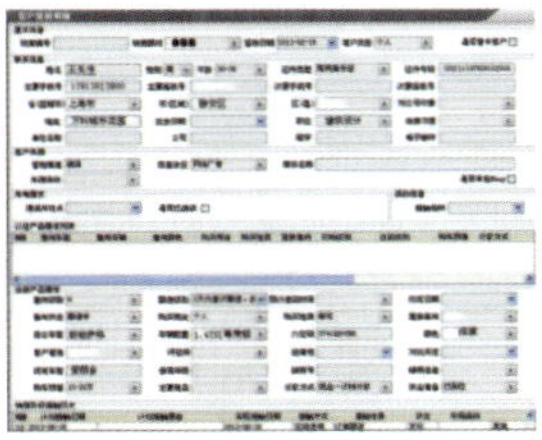	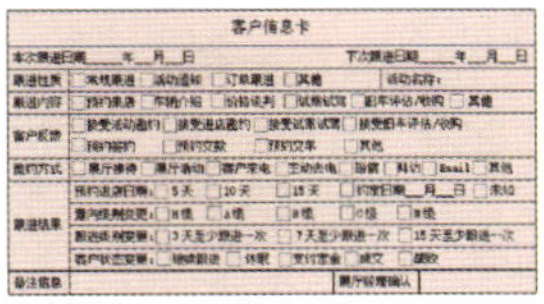
照相机	对讲机	经销商管理系统（DMS）	客户信息卡
			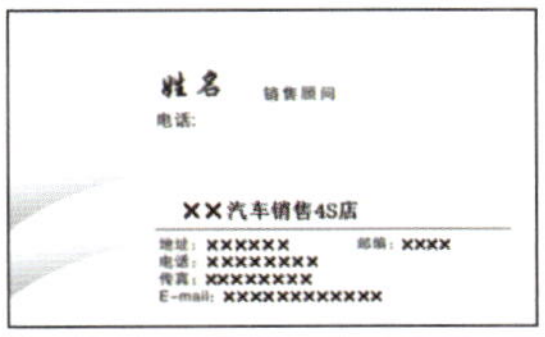
实训整车	汽车配置展示架	抹布	销售顾问名片

三、任务分配

教师进行分组，每 5 名学生为一组并推选组长。组长对小组任务进行分配，按照 4S 店岗位人员分类，组员分别扮演不同的人物角色进行情景演练，并将小组成员的具体任务分工填入表 7–1 中。

表 7–1　任务分配表

任务	组长	人员分工	具体任务
售前准备演练			

四、任务实施

（一）实施步骤

售前准备的任务实施步骤见表 7–2。

表 7–2　售前准备的任务实施步骤

序号	实施步骤	实施内容
1	进行分组	按每 5 名学生为一组进行分组并推选组长，小组成员分别扮演不同的角色
2	任务讨论	组内讨论销售顾问在售前准备工作中应该做哪些工作
3	仪容仪表检查	小组成员之间进行销售顾问仪容仪表检查，如有不当之处加以改正
4	销售工具夹检查	小组成员自行检查销售工具夹内物品是否齐全
5	展厅及展车的清洁与维护	教师采取抓阄的方式确定各小组清洁与维护区域：展厅（2 组）、展车（2 组）、理论教室（1 组）和其他区域（1 组）
6	检查整改	教师和各小组组长对展厅各区域及展车进行检查，如达不到要求应进行整改
7	晨会演练	各小组进行晨会情景演练，总结售前准备任务的完成情况
8	点评总结	由教师带领学生对演练过程进行点评和总结，学生将情景演练情况填入实施记录表
9	注意事项	小组成员要妥善保护实训设备，如实训室的展车需要移位，应在教师的安排下执行，小组成员不得随意起动车辆，以免发生危险

（二）实施记录

将本任务的实施过程记录到表 7–3 中。

表 7-3 售前准备任务实施记录表

<table>
<tr><th>实施步骤</th><th colspan="4">工作内容</th></tr>
<tr><td rowspan="2">任务讨论</td><td rowspan="2">销售顾问售前准备工作内容</td><td>1.</td><td>2.</td><td>3.</td></tr>
<tr><td>4.</td><td>5.</td><td>6.</td></tr>
<tr><td rowspan="7">销售顾问自我检查</td><td rowspan="6">检查销售顾问仪容仪表</td><td colspan="3">服装干净整洁：是 □ 否 □ 佩戴胸卡：是 □ 否 □
男士戴领带：是 □ 否 □ 女士戴丝巾：是 □ 否 □</td></tr>
<tr><td colspan="3">发式整齐、无头屑：是 □ 否 □ 头发不遮脸、不染发：是 □ 否 □
口气清新：是 □ 否 □</td></tr>
<tr><td colspan="3">手和指甲保持清洁：是 □ 否 □ 穿深色皮鞋且干净整洁：是 □ 否 □</td></tr>
<tr><td colspan="3">女士长发盘起或扎起：是 □ 否 □
女士不染甲：是 □ 否 □ 女士化淡妆：是 □ 否 □</td></tr>
<tr><td colspan="3">男士不戴装饰物：是 □ 否 □
女士装饰物小巧精致：是 □ 否 □</td></tr>
<tr><td colspan="3">面带微笑：是 □ 否 □ 站姿标准：是 □ 否 □ 坐姿标准：是 □ 否 □
走姿标准：是 □ 否 □ 握手标准：是 □ 否 □</td></tr>
<tr><td>检查销售工具夹内物品是否齐全</td><td colspan="3">名片：有 □ 无 □ 笔：有 □ 无 □ 计算器：有 □ 无 □
平板计算机：有 □ 无 □ 对讲机：有 □ 无 □ 耳机：有 □ 无 □
记事本：有 □ 无 □ 产品资料：有 □ 无 □ 宣传画册：有 □ 无 □
产品报价单：有 □ 无 □ 销售合同：有 □ 无 □</td></tr>
<tr><td rowspan="5">展厅及展车的清洁与维护</td><td>展厅清洁维护记录</td><td colspan="3">玻璃窗（墙）：
地面：
前台：
业务洽谈区：
品牌文化区：</td></tr>
<tr><td>展车清洁维护记录</td><td colspan="3">展车外部：
展车内部：
展车摆放：</td></tr>
<tr><td>其他区域清洁维护记录</td><td colspan="3">儿童游乐区：
卫生间：</td></tr>
<tr><td>理论教室清洁维护记录</td><td colspan="3">地面：
座椅：
讲台区：</td></tr>
<tr><td>检查整改记录</td><td colspan="3">清洁维护良好的区域：
不达标的区域：</td></tr>
<tr><td>召开晨会</td><td>晨会内容记录</td><td colspan="3"></td></tr>
</table>

五、检查

（一）自检

结合任务实施过程和结果，对照表 7–4 进行自我检查，并将自检结果记录在表 7–4 中。

表 7–4　自检

检查项目	结果
是否讨论售前准备工作内容	
仪容仪表是否符合要求	
是否按 4S 店岗位进行角色扮演	
是否进行晨会情景演练	
是否按要求对展厅、展车进行清洁维护	
情景演练是否达到预期效果，有哪些不足	
是否根据情景演练情况及时填写实施记录表	

（二）互检

根据任务实施过程和结果进行组与组之间的互检，并把检查结果填写在表 7–5 中。

表 7–5　互检

检查项目	结果
仪容仪表是否符合要求	
是否按 4S 店岗位进行角色扮演	
是否进行晨会情景演练	
是否按要求对展厅、展车进行清洁维护	
情景演练是否达到预期效果，有哪些不足	
是否根据情景演练情况及时填写实施记录表	

六、课堂小结

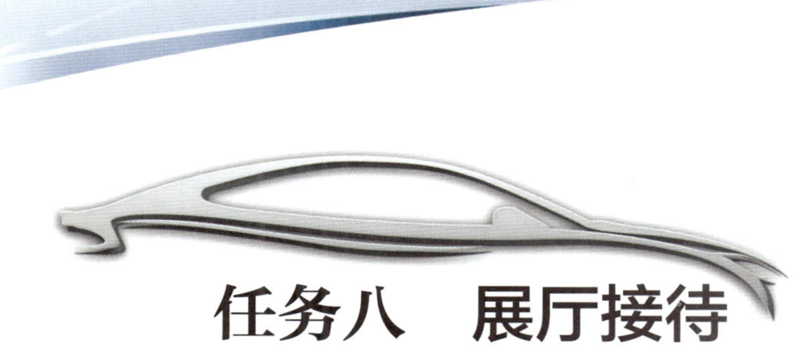

任务八　展厅接待

展厅接待任务工单								
客户信息	姓　　名		职　　业		联系电话		信息来源	
	购车用途		预购车型		购车预算		预购时间	
汽车销售核心流程：网络营销、集客到店、售前准备、展厅接待、需求分析、产品介绍、试乘试驾、报价成交、新车交付、售后跟踪								
任务描述	制作平面广告图片 □	编写宣传软文 □	微信图文推送 □	网络营销 □	集客到店 □			
	售前准备 □	展厅接待 □	需求分析 □	产品介绍 □	试乘试驾 □			
	报价成交 □	新车 PDI 检查 □	新车交付 □	跟踪回访 □	处理投诉 □			
明确具体工作任务								

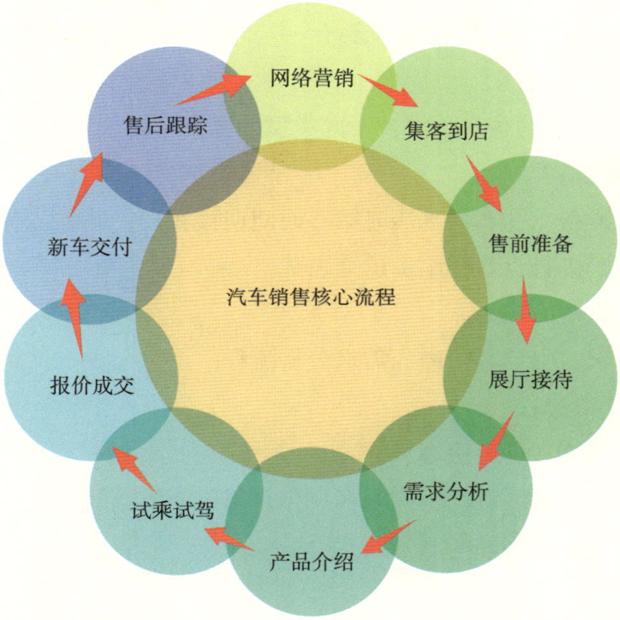

任务目标

- 了解到店客户期待
- 能够根据展厅客户接待流程接待客户

任务内容

- 到店客户期待
- 展厅接待流程
- 展厅接待技巧

任务重点

- 展厅接待流程
- 展厅接待技巧

一、信息链接

1. 到店客户期待

为做好展厅客户接待工作，为后续的销售工作打好基础，汽车销售顾问应了解到店客户的心理和期待。一般到店客户的心理期待如下：

（1）进入大门有人指引，进入展厅立即有人接待。

（2）展厅接待人员和销售顾问着装统一、整齐、合身、仪容干净自然。

（3）销售顾问接待热情主动，与我交谈时注意力集中，交谈氛围轻松自然。

（4）销售顾问主动介绍自己，递交名片，并询问我的需求。

（5）重视我的需求和喜好，根据我的需求和喜好向我介绍适合的产品。

（6）主动向我提供种类丰富的饮品。

（7）当我再次来店时，能记住我的需求和喜好，并主动询问我的要求是否发生了变化。

2. 展厅接待流程

到店客户分邀约客户和非邀约客户两类，不同类型的客户来到展厅，接待的流程也不相同。

（1）邀约客户展厅接待流程

1）销售顾问提前做好准备，在客户来店时第一时间迎接客户，并确认客户身份。

2）销售顾问致欢迎词，进行自我介绍，递交名片。

3）邀请客户就座，提供饮品。

4）进一步了解客户需求，引导客户进入需求分析流程。

（2）非邀约客户展厅接待流程

1）客户到店时，展厅接待人员迎接客户。

2）展厅接待人员了解客户到店意图，询问客户是否需要销售顾问。

3）如果需要，向客户介绍销售顾问。

4）销售顾问接待客户，解答客户问题。

5）邀请客户就座，提供饮品。

6）销售顾问引导客户进入需求分析流程。

7）如果客户不需要销售顾问，接待人员安排客户自行参观。

8）时刻关注客户动向，如客户有需要，随时给予帮助。

9）在客户准备离开时送别客户。

3. 展厅接待技巧

（1）让客户进入“舒适区”。通过热情主动的问候、真诚的微笑、友善的肢体语言、轻松自然的交谈、尊敬的态度等来消除客户的压力，让客户进入“舒适区”，给客户留下良好的第一印象。

（2）学会寒暄和赞美。利用寒暄和赞美迅速拉近与客户的关系。

（3）有效应对影响者。在多名客户一同到店的情况下，要迅速辨别出购买者、使用者和影响者，注意观察各类人关注的重点，努力听取影响者的意见。

（4）获取客户信息。利用主动询问、活动通知、展厅抽奖等方式获取到店客户信息。

二、任务准备

在下列图片中勾选出完成本任务所需的物品。

 计算机	 座机	 手机	 计算器
 销售工具夹	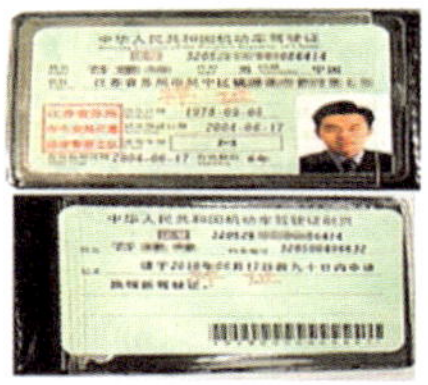 驾驶证	 写字板	 中性笔
 照相机	 对讲机	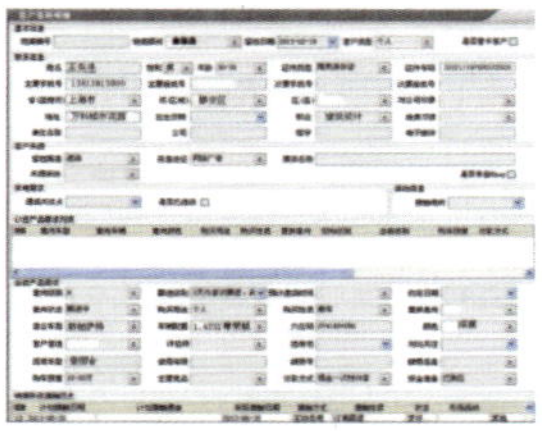 经销商管理系统（DMS）	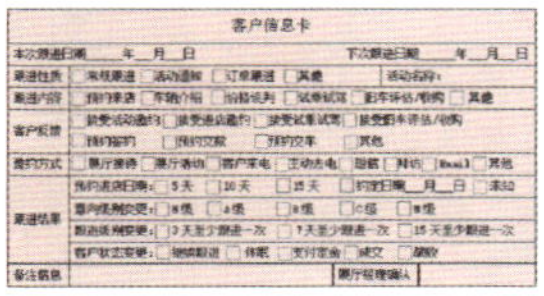 客户信息卡
 实训整车	 汽车配置展示架	 抹布	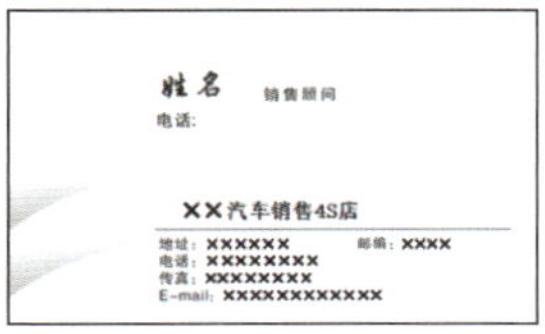 销售顾问名片

三、任务分配

教师进行分组，每 5 名学生为一组并推选组长。组长对小组任务进行分配，按照 4S 店岗位人员分类，组员分别扮演不同的人物角色进行情景演练，并将小组成员的具体任务分工填入表 8-1 中。

表 8-1　任务分配表

<table>
<tr><th>任务</th><th>组长</th><th>人员分工</th><th>具体任务</th></tr>
<tr><td rowspan="5">展厅接待演练</td><td rowspan="5"></td><td></td><td></td></tr>
<tr><td></td><td></td></tr>
<tr><td></td><td></td></tr>
<tr><td></td><td></td></tr>
<tr><td></td><td></td></tr>
</table>

四、任务实施

（一）实施步骤

展厅接待的任务实施步骤见表 8-2。

表 8-2　展厅接待的任务实施步骤

<table>
<tr><th>序号</th><th>实施步骤</th><th>实施内容</th></tr>
<tr><td>1</td><td>进行分组</td><td>按每 5 名学生为一组进行分组并推选组长，小组成员分别扮演不同的角色</td></tr>
<tr><td>2</td><td>任务讨论</td><td>组内讨论展厅接待流程</td></tr>
<tr><td>3</td><td>演练要求</td><td>（1）根据实训室车辆，拟定公司名称
（2）第一时间发现实训室展厅外的客户，及时出门迎接并对客户情况做简单判断
（3）对到店客户致欢迎词，并微笑、礼貌迎接客户
（4）让客户在最短时间内进入“舒适区”，消除客户压力
（5）对到店客户做简单的需求分析，询问客户是否需要提供服务
（6）演练开始前，先由教师进行示范讲解，然后各小组进行小组演练
（7）小组内部演练完毕之后，由各小组指定的成员上台进行演练
（8）演练过程中，其他同学要认真聆听，并记录演练过程</td></tr>
<tr><td rowspan="3">4</td><td rowspan="3">展厅接待情景演练</td><td>初次进店客户展厅接待情景演练</td></tr>
<tr><td>再次进店客户展厅接待情景演练</td></tr>
<tr><td>邀约客户展厅接待情景演练</td></tr>
<tr><td>5</td><td>点评总结</td><td>演练完毕后，由教师带领大家一起进行点评和总结</td></tr>
</table>

（二）实施记录

将本任务的实施过程记录到表 8-3 和表 8-4 中。

表 8-3　展厅接待任务实施记录表

<table>
<tr><td rowspan="3">小组讨论</td><td rowspan="3">展厅接待流程</td><td>1.</td><td>2.</td><td>3.</td></tr>
<tr><td>4.</td><td>5.</td><td>6.</td></tr>
<tr><td>7.</td><td>8.</td><td>9.</td></tr>
</table>

续表

	情景	情景演练表现
情景演练	客户进展厅时	是否立即上前打招呼，且接待礼仪规范：是 □ 否 □ 是否进行了自我介绍：是 □ 否 □ 是否询问了客户是第几次来展厅：是 □ 否 □ 是否询问了客户称呼及需求：是 □ 否 □
	客户参观车辆时	是否安排客户自行参观车辆：是 □ 否 □ 是否与客户身体保持一定距离：是 □ 否 □ 是否时刻关注客户动向：是 □ 否 □
	关注客户动向（接近的时机）	当有下列情形之一时，是否立即上前提供了帮助或进行了问询 当观察到客户有寻求协助的举止时：是 □ 否 □ 当客户打开车门或触碰车身时：是 □ 否 □ 当客户仔细观察某一车型时：是 □ 否 □
	消除疑虑	是否介绍了购车的流程（所需手续、费用、时间）：是 □ 否 □ 是否鼓励客户提问：是 □ 否 □ 是否告诉客户不必立即做出决定：是 □ 否 □ 是否征求了客户意见：是 □ 否 □
	客户坐下时	是否有意识地让客户坐到商谈桌旁：是 □ 否 □ 是否告知客户可为其提供饮品：是 □ 否 □ 是否进行了简单的寒暄：是 □ 否 □ 寒暄的方式是否得当：是 □ 否 □
	与客户交谈时	是否自信，谈话氛围是否轻松自然：是 □ 否 □ 是否保持了适当的身体距离：是 □ 否 □ 目光是否能照顾到每一个客户：是 □ 否 □ 与客户谈话时是否用心倾听：是 □ 否 □ 是否能准确把握客户的需求：是 □ 否 □
	获取客户资料	是否告知了客户留下资料的好处：是 □ 否 □ 当客户索取目录时是否主动提出交换名片，以便提供购车咨询：是 □ 否 □ 是否主动发出试乘试驾邀请，请客户留下资料以便联络：是 □ 否 □

表 8-4 填写客户信息卡

客户资料	客户姓名		QQ、微信	
	通信地址		邮编	
	工作单位		行业类别	
	单位地址		电话	
客户信息来源		电视 □ 平面广告 □ 微信 □ 微博 □ 博客 □ 手机 APP □ 网站平台 □ 搜索引擎 □		
客户欲购车型			意向购车日期	
邀约方式		展厅接待 □ 展厅活动 □ 客户来电 □ 主动去电 □ 短信 □ 拜访 □ 电子邮件 □ 其他 □		
邀约内容		预约来店 □ 车辆介绍 □ 价格谈判 □ 试乘试驾 □ 旧车评估 / 收购 □ 其他 □		

续表

客户反馈	接受活动邀约 □ 接受进店邀约 □ 接受试乘试驾 □ 接受旧车评估 / 收购 □ 预约签约 □ 预约交款 □ 预约交车 □ 其他 □			
跟进结果	预约进店日期：5 天 □ 10 天 □ 15 天 □ 约定日期： 月 日 未知 □			
	意向级别：O 级 □ H 级 □ A 级 □ B 级 □ C 级 □ N 级 □			
	跟进级别：3 天至少跟进一次 □ 7 天至少跟进一次 □ 15 天至少跟进一次 □			
	客户状态：继续跟进 □ 休眠 □ 支付定金 □ 成交 □ 战败 □			
备注		销售顾问		销售经理	

五、检查

（一）自检

结合任务实施过程和结果，对照表 8–5 进行自我检查，并将自检结果记录在表 8–5 中。

表 8–5 自检

检查项目	结果
是否讨论展厅接待工作流程	
是否按 4S 店岗位进行角色扮演	
是否进行不同客户进店时的展厅接待情景演练	
情景演练是否达到预期效果，有哪些不足	
是否根据情景演练情况及时填写实施记录表	

（二）互检

结合任务实施过程和结果，进行组与组之间的互检，并把检查结果填写在表 8–6 中。

表 8–6 互检

检查项目	结果
是否按 4S 店岗位进行角色扮演	
是否进行不同客户进店时的展厅接待情景演练	
情景演练是否达到预期效果，有哪些不足	
是否根据情景演练情况及时填写实施记录表	

六、课堂小结

情境三

汽车产品体验营销

任务九　需求分析

需求分析任务工单								
客户信息	姓　名		职　业		联系电话		信息来源	
	购车用途		预购车型		购车预算		预购时间	

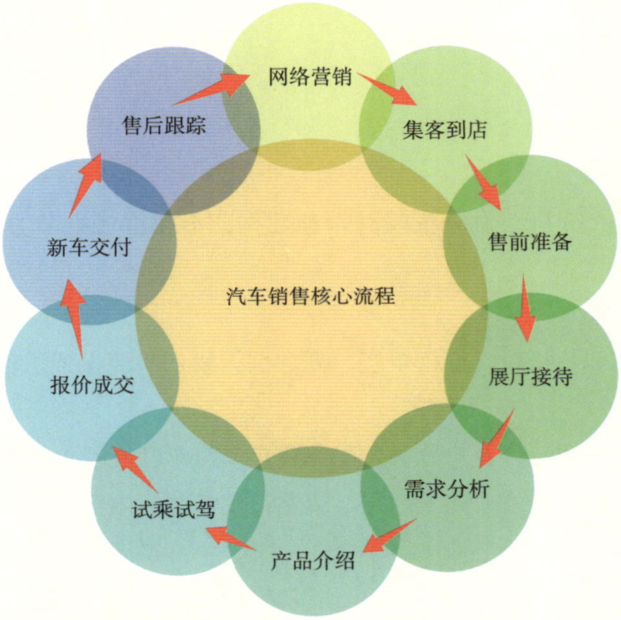

任务描述					
任务描述	制作平面广告图片 □	编写宣传软文 □	微信图文推送 □	网络营销 □	集客到店 □
	售前准备 □	展厅接待 □	需求分析 □	产品介绍 □	试乘试驾 □
	报价成交 □	新车 PDI 检查 □	新车交付 □	跟踪回访 □	处理投诉 □
明确具体工作任务					

任务目标

- 能够判断客户类型并采取合理的应对方法
- 能够挖掘出客户的显性需求与隐性需求
- 能够通过观察、倾听和提问分析客户需求

任务内容

- 进店客户的类型
- 客户需求分析方法
- 需求分析常用话术

任务重点

- 客户购车需求分析方法
- 填写需求分析表

一、信息链接

1. 进店客户的类型

进店客户一般可分为支配型、分析型、表达型和友善型四种。了解各种类型客户的性格特征，施以不同的应对方法，对成功达成交易至关重要。

（1）支配型客户

性格特征：喜欢阐述观点，发号施令，不能容忍错误，不在乎别人的情绪及建议，喜欢控制局面，以自我为中心。

应对方法：

1）准备充分，实话实说（如技术参数、优惠价格等问题）。

2）多准备几份书面材料（如突出产品、公司、个人优势的资料），最好附有彩页及公开媒体报道。

3）介绍产品和回答问题时语气要坚定有力。

（2）分析型客户

性格特征：敏感，喜欢分析，过分依赖材料和数据，会问许多细节方面的问题，对于决策非常谨慎。

应对方法：

1）介绍汽车有关数据和价格时，要摆事实、列数据，举例时要保证示例的正确性和可考证性，多提开放式问题。

2）与客户讨论时不能过于迎合客户意见，以免客户对汽车性能及价格产生误解。

3）通过多种方式持续进行联系，如上门拜访或邀请其参加店内活动等。

（3）表达型客户

性格特征：充满激情，有创造力，理想化，凡事喜欢参与，追求乐趣。

应对方法：

1）与客户进行充分交流后，尽量以书面形式与其确认达成的共识（如试车时间、购车价格等）。

2）多邀请其参加店内活动。

（4）友善型客户

性格特征：关心别人，喜欢与人打交道，待人热心，不喜欢主动，属于迟缓的决策人。

应对方法：

1）认真揣摩客户心理，主动询问客户需求。

2）从客户的感受出发，把握细节，体现关怀，介绍车辆时重点描述车辆的安全性和舒适性。

3）与此类客户达成交易的关键是建立信任关系，可积极向其提供帮助。

2. 客户需求分析方法

现在的汽车销售基本都是采用以客户为中心的顾问式销售法，销售顾问想成功销售出自己的产品，为客户提供一款满足其需求的车辆，就必须先了解客户的购买动机，对客户的需求进行分析。

（1）销售冰山理论。销售冰山理论如图 9-1 所示，指客户购买产品的动机有一部分是显性的，就像露出水面的冰山，但更能影响购买决定的是冰山水面以下的部分，即隐性需求。销售顾问既要了解客户的显性需求，也要了解客户的隐性需求。

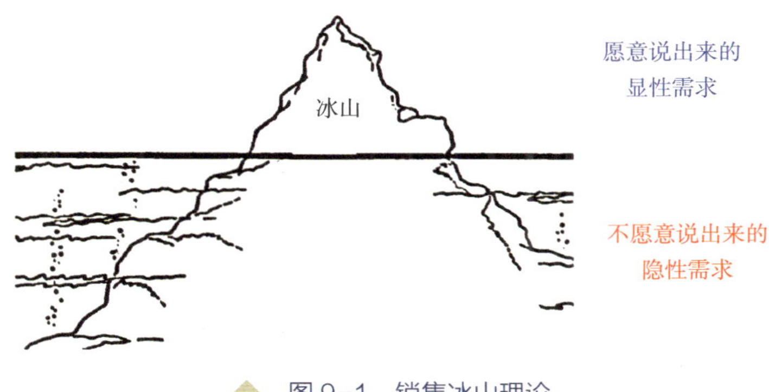

图 9-1 销售冰山理论

1）显性需求。显性需求是指购买的行为和动机是显性的，可以公开的，比如车辆是否舒适，质量是否可靠，技术是否领先，服务是否周到等。

2）隐性需求。隐性需求是指购买的行为和动机是隐性的，不愿公开的，比如车辆能否彰显客户的地位，能否引起足够的关注等。

（2）客户需求分析方法的内容。销售顾问一般可通过观察、倾听、提问的方法来发掘客户内心隐藏的购买动机，探索客户的购车需求，如图 9-2 所示。

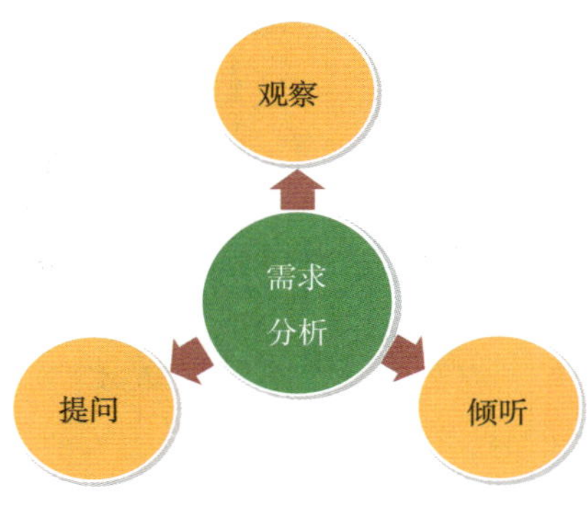

图 9-2 客户需求分析方法

1）观察。主要包括观察客户的表情、步态、手势、目光、衣着打扮等。

2）倾听。销售顾问在与客户交谈时，应与客户保持稳定的目光接触，保持正确的倾听姿势，积极参与谈话，注意听出客户的弦外之音。

3）提问。提问分为开放式提问和封闭式提问，开放式提问的目的是收集信息，一般用“谁、什么、为什么、如何”等字句来进行提问；封闭式提问的目的是确认信息，客户一般可以用“是”或“不是”来回答。提问的顺序通常是从一般性问题到联系性问题，最后到确定性问题。

3. 需求分析常用话术

“您买车主要是用来做什么呢？”

“您买车最关注什么呢？”

“没猜错的话，您是三口之家吧？”

“这是您自己的意思，还是家人的决定呢？”

“您买车一定要考虑的因素有哪些？”

“您以前用什么车？您现在买车主要是为了商务活动还是私人使用？”

“您的购车预算是多少？大约什么时间购买车辆？”

“您的车不错，为什么想到要换车呢？”

“您以前开的车有什么不尽如人意的地方吗？”

“您觉得这样的配置可以吗？”

“您觉得这样的功能对您有帮助吗？”

“您对车的要求除了动力强劲、外观时尚，还有其他要求吗？”

二、任务准备

在下列图片中勾选出完成本任务所需的物品。

 计算机	 座机	 手机	 计算器
 销售工具夹	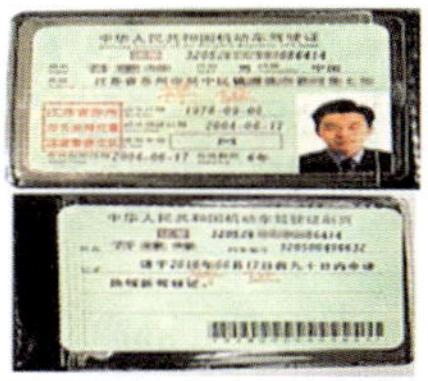 驾驶证	 写字板	 中性笔
 照相机	 对讲机	 经销商管理系统（DMS）	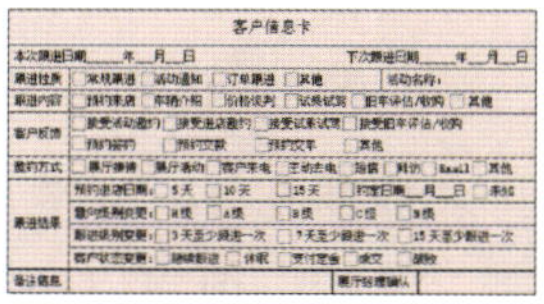 客户信息卡
 实训整车	 汽车配置展示架	 抹布	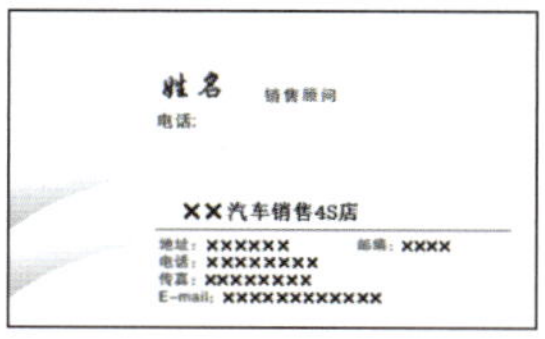 销售顾问名片

三、任务分配

教师进行分组，每 5 名学生为一组并推选组长。组长对小组任务进行分配，按照 4S 店岗位人员分类，组员分别扮演不同的人物角色进行情景演练，并将小组成员的具体任务分工填入表 9–1 中。

表 9–1 任务分配表

任务	组长	人员分工	具体任务
客户需求分析演练			

四、任务实施

（一）实施步骤

客户需求分析的任务实施步骤见表 9–2。

表 9–2 客户需求分析的任务实施步骤

序号	实施步骤	实施内容
1	进行分组	按每 5 名学生为一组进行分组并推选组长，小组成员分别扮演不同的角色
2	任务讨论	组内讨论客户需求分析的方法
3	演练要求	（1）根据实训室车辆，拟定公司名称 （2）演练开始前，先由教师进行示范讲解，然后各小组进行小组演练 （3）分别对不同情景下的客户进行需求分析演练 （4）小组内部演练完毕之后，由各小组指定的成员上台进行演练 （5）演练过程中，其他同学要认真聆听，并记录演练过程
4	需求分析情景演练	情景 1：一辆车牌号为沪 A ××××× 的老款雅阁停在了展厅门口，一会儿，车上下来一个 30 岁左右的小伙子，还有一个抱着小孩的年轻女子和两位老人，小伙子带着他们一起走向了展厅…… 情景 2：在政府部门工作的王先生带着王太太来到了业务洽谈室，打算购买家庭第一辆汽车…… 情景 3：一个家境殷实的小伙子李 ××，最近打算让父母为其购买一辆价格 60 万元的奔驰 SLK200 跑车，为此他来到了展厅……
5	点评总结	演练完毕后，由教师带领大家一起进行点评和总结

（二）实施记录

将本任务的实施过程记录到表 9-3 ~ 表 9-5 中。

表 9-3 客户需求分析（一）

客户姓名		联系电话		到店时间	
客户职业		客户来源			
销售顾问		公司名称		客服电话	
客户需求分析	分析结果	客户需求分析		分析结果	
关注的车型		购车的目的			
对本品牌的了解程度		是否有用车经验			
曾经考虑过的其他车型及配置		是否属于车辆置换			
购车的感性因素		是否对某一车型特别感兴趣			
计划购车时间		购车预算			
付款方式		处于购买周期的哪个阶段			
车辆使用环境		对车辆配置的要求			
对安全性的要求		最关注的车辆性能			
客户属于何种类型		对所购车辆的期望			

表 9-4 客户需求分析（二）

客户姓名		联系电话		到店时间	
客户职业		客户来源			
销售顾问		公司名称		客服电话	
客户需求分析	分析结果	客户需求分析		分析结果	
关注的车型		购车的目的			
对本品牌的了解程度		是否有用车经验			
曾经考虑过的其他车型及配置		是否属于车辆置换			
购车的感性因素		是否对某一车型特别感兴趣			
计划购车时间		购车预算			
付款方式		处于购买周期的哪个阶段			
车辆使用环境		对车辆配置的要求			
对安全性的要求		最关注的车辆性能			
客户属于何种类型		对所购车辆的期望			

表 9-5 客户需求分析（三）

客户姓名		联系电话		到店时间	
客户职业		客户来源			
销售顾问		公司名称		客服电话	

客户需求分析	分析结果	客户需求分析	分析结果
关注的车型		购车的目的	
对本品牌的了解程度		是否有用车经验	
曾经考虑过的其他车型及配置		是否属于车辆置换	
购车的感性因素		是否对某一车型特别感兴趣	
计划购车时间		购车预算	
付款方式		处于购买周期的哪个阶段	
车辆使用环境		对车辆配置的要求	
对安全性的要求		最关注的车辆性能	
客户属于何种类型		对所购车辆的期望	

五、检查

（一）自检

结合任务实施过程和结果，对照表 9-6 进行自我检查，并将自检结果记录在表 9-6 中。

表 9-6 自检

检查项目	结果
是否讨论客户需求分析方法	
是否按 4S 店岗位进行角色扮演	
是否进行不同情景下的客户需求分析演练	
是否分析出客户的显性需求和隐性需求	
情景演练是否达到预期效果，有哪些不足	
是否根据情景演练情况及时填写客户需求分析表	

（二）互检

根据任务实施过程和结果进行组与组之间的互检，并把检查结果填写在表 9-7 中。

表 9-7　互检

检查项目	结果
是否按 4S 店岗位进行角色扮演	
是否进行不同情景下的客户需求分析演练	
是否分析出客户的显性需求和隐性需求	
情景演练是否达到预期效果，有哪些不足	
是否根据情景演练情况及时填写客户需求分析表	

六、课堂小结

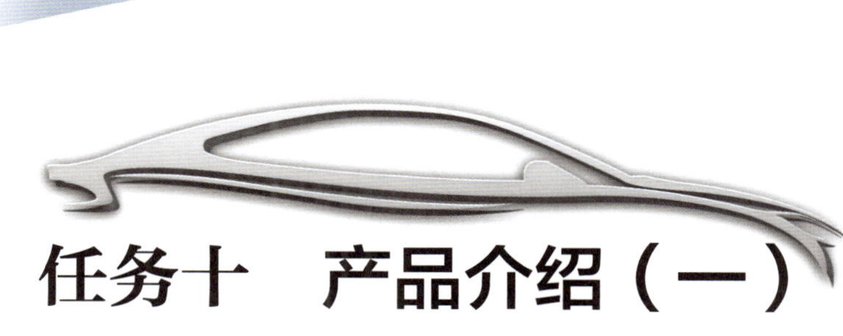

任务十　产品介绍（一）

<table>
<tr><td colspan="9">产品介绍任务工单——车型资料准备</td></tr>
<tr><td rowspan="2">客户信息</td><td>姓　名</td><td></td><td>职　业</td><td></td><td>联系电话</td><td></td><td>信息来源</td><td></td></tr>
<tr><td>购车用途</td><td></td><td>预购车型</td><td></td><td>购车预算</td><td></td><td>预购时间</td><td></td></tr>
<tr><td colspan="9">汽车销售核心流程
网络营销
集客到店
售前准备
展厅接待
需求分析
产品介绍
试乘试驾
报价成交
新车交付
售后跟踪</td></tr>
<tr><td>任务描述</td><td colspan="8">制作平面广告图片 □　编写宣传软文 □　微信图文推送 □　网络营销 □　集客到店 □
售前准备 □　展厅接待 □　需求分析 □　产品介绍 □　试乘试驾 □
报价成交 □　新车 PDI 检查 □　新车交付 □　跟踪回访 □　处理投诉 □</td></tr>
<tr><td>明确具体工作任务</td><td colspan="8"></td></tr>
<tr><td>任务目标</td><td colspan="8">● 掌握产品介绍工作流程
● 能够运用六方位绕车介绍法为客户介绍产品
● 能够采取合适的策略进行竞品比较</td></tr>
<tr><td>任务内容</td><td colspan="8">● 产品介绍工作流程
● 六方位绕车介绍法
● 竞品比较</td></tr>
<tr><td>任务重点</td><td colspan="8">● 六方位绕车介绍法</td></tr>
</table>

一、信息链接

1. 产品介绍工作流程

（1）了解、确认客户购车需求。

（2）推荐满足客户需求的车型。

（3）用六方位绕车介绍法介绍车辆。

（4）做竞品分析比较，消除客户疑虑。

（5）与客户达成共识，确定需求车型。

（6）引导客户进入试乘试驾环节。

2. 六方位绕车介绍法

六方位绕车介绍法是一种比较规范的汽车产品介绍方法，销售顾问按照汽车左前方 45°、发动机舱、乘客侧、车辆后部、车辆内部和驾驶区这六个方位对车辆进行展示介绍，如图 10–1 所示。在实际工作中，六方位绕车介绍的顺序可根据客户要求进行调整。

进行六方位绕车介绍的引导话术："× × 先生 / 小姐，经过刚才与您的一番交谈，我已经对您的需求有了大致的了解，下面我想针对您所关心的车型做一次细致的绕车介绍，这个过程大约需要二十分钟的时间，在此期间，您有任何问题都可以随时打断我，您看这样安排可以吗？"

图 10–1　六方位绕车介绍法

（1）左前方 45° 介绍。汽车左前方 45° 是最容易引起客户兴趣，也是介绍内容最为丰富的方位。介绍时，销售顾问站在汽车左前方 45° 处，面向客户并保持 1 m 左右的距离，引导客户观赏汽车。

介绍内容：汽车品牌、设计师或设计单位、整车外观、车辆整体造型特点、可选颜色、发动机舱盖前脸造型、灯光设计及功能、风窗玻璃、前驻车雷达、前保险杠等，如图 10–2 所示。

图 10-2 左前方 45° 介绍

（2）发动机舱介绍

介绍内容：打开发动机舱盖，引导客户观看发动机舱的布局、设计，介绍发动机采用的技术及其参数、碰撞吸能区、蓄电池、各种油液加注口、熔丝盒和空气滤清器等，如图 10-3 所示。

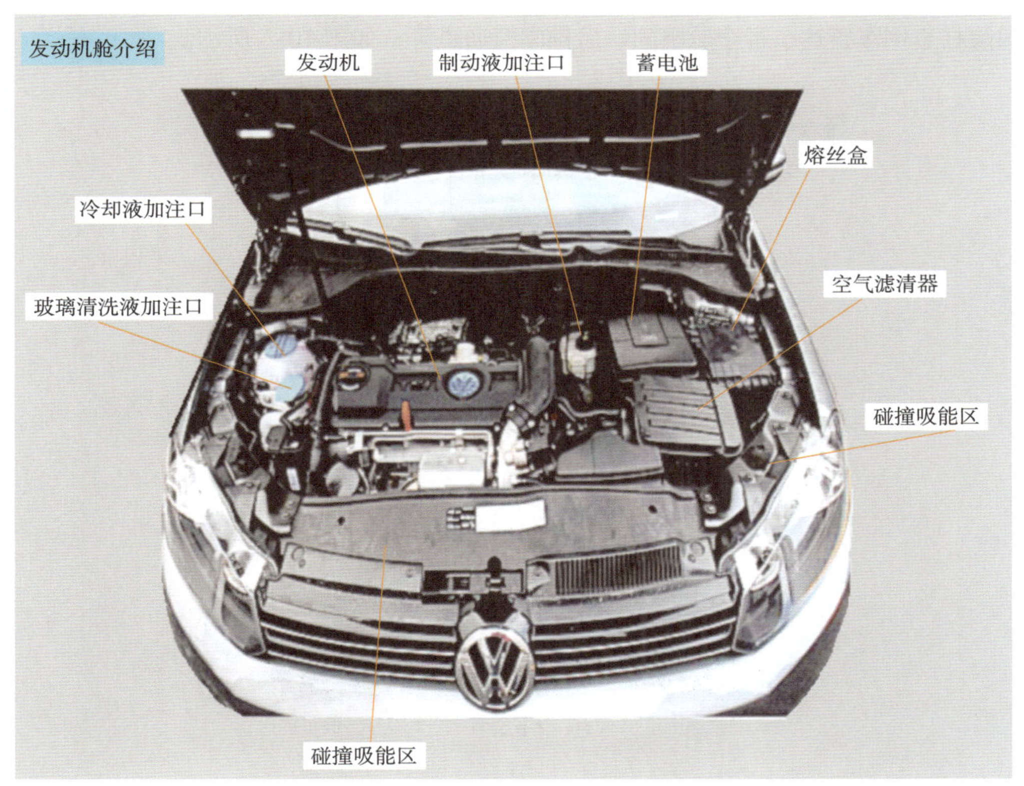

图 10-3 发动机舱介绍

（3）乘客侧介绍

介绍内容：车辆的车身尺寸、轴距、车身的设计、车窗玻璃、车门、腰线、车窗和车身镀铬饰条、三角窗、后视镜、轮胎轮毂、制动系统、安全系统和悬架系统等，如图 10-4 所示。

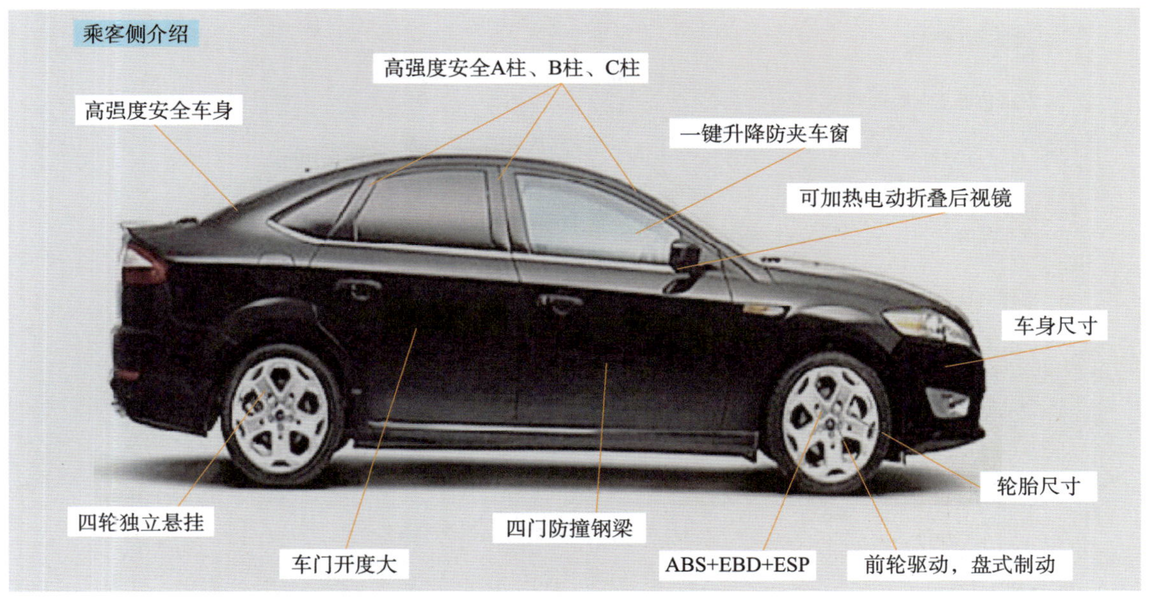

图 10-4　乘客侧介绍

（4）车辆后部介绍。销售顾问引导客户站在距离车辆后部约 60 cm 的地方，介绍高位制动灯、后尾灯、后保险杠、倒车雷达、行李舱空间、后排座椅通道等，如图 10-5 所示。

图 10-5　车辆后部介绍

（5）车辆内部介绍

介绍内容：前、后排乘坐空间（包含头部空间和腿部空间），乘坐舒适度，座椅折叠程度，车辆内饰做工，颜色搭配，音响，车内储物空间的数量及用途，头枕和安全带设计等，如图 10-6 所示。

图 10-6 车辆内部介绍

（6）驾驶区介绍。销售顾问打开主驾驶车门，邀请客户进入驾驶位坐下，自己最好采用半蹲式为客户介绍转向盘左侧的情况，不能离客户太近，以免给客户带来压力。

介绍内容：转向盘左侧主要介绍驾驶员座椅、安全气囊、转向盘、多功能组合仪表、安全带、左侧各功能开关等，转向盘右侧主要介绍内饰风格、变速器、后视镜、空调系统、影音系统、音响、天窗等，如图 10-7 所示。

图 10-7 驾驶区介绍

（7）产品介绍技巧

1）根据客户需求介绍车辆的各项功能并强调对客户的好处。

2）在对比竞品时用词恰当，不用任何诋毁性语言。

3）快速、清晰地回答客户提出的问题。

4）结合客户的关注点，对重点内容进行反复讲解，以加深客户印象。

3. 竞品比较

销售顾问在进行汽车产品介绍时，如果客户谈到其他品牌车型，销售顾问应该在认可竞品的基础上，进行有利于本品牌的相关比较，以赢得客户。竞品比较的主要内容及方法如下：

（1）外形对比。如果我方车身尺寸大，则强调更大气；如果我方车身尺寸小，则强调更协调、更灵活。如果竞品外形比较时尚，则强调我方外形风格更经典，更容易为大众所接受；如果竞品外形更加成熟，则强调我方外形风格更个性，更符合潮流。其他常用的外形对比内容还包括车辆钣金工艺、车辆各组件之间的拼装细节等。

（2）性能对比。重点强调我方车辆的性能优点。

（3）车辆价格稳定性对比。车辆价格的稳定性也是一个常见的对比点，车辆价格不稳定的品牌，其二手车残值率也较低。

（4）售后服务对比。售后服务对比主要包括质保时长、服务便利性、服务质量、服务价格等方面，重点突出我方的优点。

二、任务准备

在下列图片中勾选出完成本任务所需的物品。

计算机	座机	手机	计算器
销售工具夹	驾驶证	写字板	中性笔

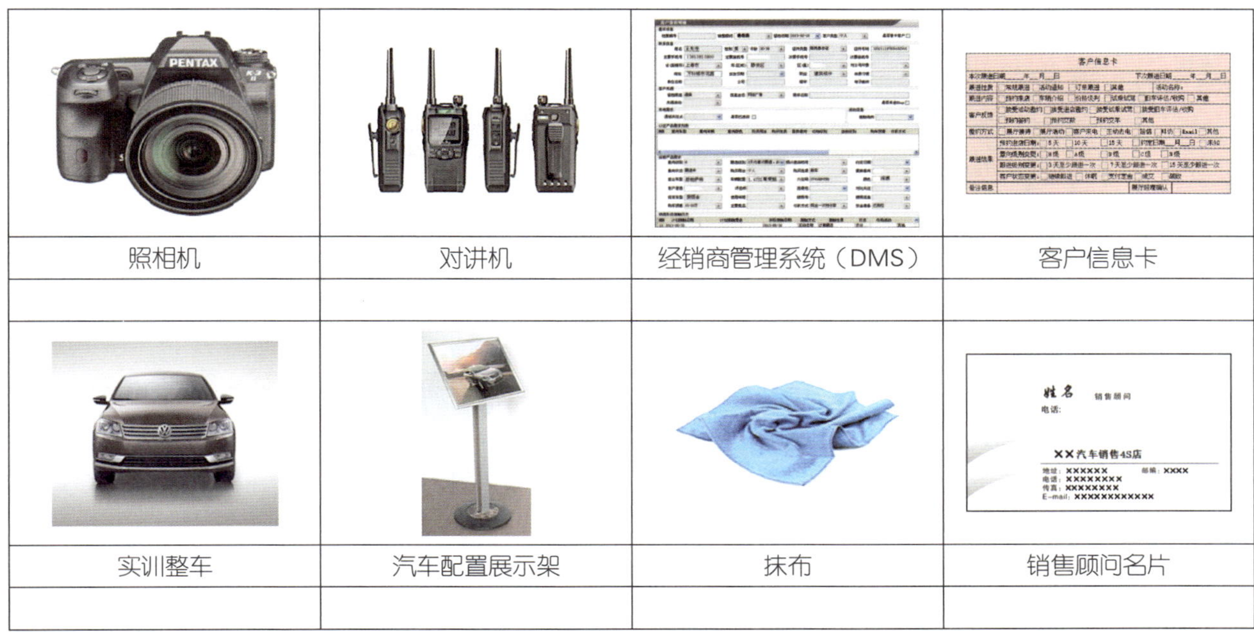

照相机	对讲机	经销商管理系统（DMS）	客户信息卡
实训整车	汽车配置展示架	抹布	销售顾问名片

三、任务分配

教师进行分组，每 5 名学生为一组并推选组长。组长对小组任务进行分配，按照 4S 店岗位人员分类，组员分别扮演不同的人物角色进行情景演练，并将小组成员的具体任务分工填入表 10-1 中。

表 10-1　任务分配表

任务	组长	人员分工	具体任务
产品介绍演练			

四、任务实施

（一）实施步骤

产品介绍的任务实施步骤见表 10-2。

表 10-2　产品介绍的任务实施步骤

序号	实施步骤	实施内容
1	进行分组	按每 5 名学生为一组进行分组并推选组长，小组成员分别扮演不同的角色
2	任务讨论	组内讨论产品介绍的注意事项
3	查找资料	各小组利用计算机或手机查找指定车型的相关配置和性能参数

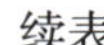

续表

序号	实施步骤	实施内容
4	演练要求	（1）不得私自起动车辆及松开驻车制动器，以免发生危险 （2）妥善保护实训室车辆，不得私自拆卸实训车辆的零配件 （3）使用六方位绕车介绍法介绍实训车辆，每组用时 15 ~ 20 min （4）演练过程中，其他同学要认真聆听，并记录演练过程
5	产品介绍情景演练	以实训车辆为例进行产品介绍，产品介绍过程中，客户扮演者需提及竞品车辆，销售顾问应使用相应的话术进行竞品分析，打消客户的疑虑
6	点评总结	演练完毕后，由教师带领大家一起进行点评和总结

（二）实施记录

将本任务的实施过程记录到表 10–3 ~ 表 10–6 中。

表 10–3　比亚迪车型资料表

汽车品牌		车型款式		生产年代	
车身结构		车型卖点			
销售价格		市场口碑			
基本配置参数					
车身尺寸					
动力系统性能指标					
变速箱					
底盘转向					
车轮制动					
主 / 被动安全装置					
辅助 / 操控配置					
外部 / 防盗配置					

续表

内部配置	
座椅配置	
多媒体配置	
灯光配置	
玻璃 / 后视镜 / 空调	

表 10-4　奇瑞车型资料表

汽车品牌		车型款式		生产年代	
车身结构		车型卖点			
销售价格		市场口碑			
基本配置参数					
车身尺寸					
动力系统性能指标					
变速箱					
底盘转向					
车轮制动					
主 / 被动安全装置					
辅助 / 操控配置					

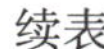
续表

外部 / 防盗配置	
内部配置	
座椅配置	
多媒体配置	
灯光配置	
玻璃 / 后视镜 / 空调	

表 10-5　埃安车型资料表

汽车品牌		车型款式		生产年代	
车身结构		车型卖点			
销售价格		市场口碑			
基本配置参数					
车身尺寸					
动力系统性能指标					
变速箱					
底盘转向					
车轮制动					
主 / 被动安全装置					

续表

辅助 / 操控配置	
外部 / 防盗配置	
内部配置	
座椅配置	
多媒体配置	
灯光配置	
玻璃 / 后视镜 / 空调	

表 10-6　产品介绍任务实施记录表

实施任务	工作内容	
小组讨论	产品介绍方法	六方位绕车介绍法
产品介绍情景演练	左前方 45° 介绍	
	发动机舱介绍	
	乘客侧介绍	
	车辆后部介绍	
	车辆内部介绍	

续表

实施任务	工作内容	
产品介绍情景演练	驾驶区介绍	
	竞品比较	
点评总结		

五、检查

（一）自检

结合任务实施过程和结果，对照表 10–7 进行自我检查，并将自检结果记录在表 10–7 中。

表 10–7　自检

检查项目	结果
是否讨论产品介绍的注意事项	
是否按 4S 店岗位进行角色扮演	
是否使用六方位绕车介绍法介绍车辆	
是否掌握产品介绍工作流程	
是否进行竞品比较	
情景演练是否达到预期效果，有哪些不足	
是否根据情景演练情况及时填写实施记录表	

（二）互检

根据任务实施过程和结果进行组与组之间的互检，并把检查结果填写在表 10–8 中。

表 10–8　互检

检查项目	结果
是否按 4S 店岗位进行角色扮演	
是否使用六方位绕车介绍法介绍车辆	
是否掌握产品介绍工作流程	
是否进行竞品比较	
情景演练是否达到预期效果，有哪些不足	
是否根据情景演练情况及时填写实施记录表	

六、课堂小结

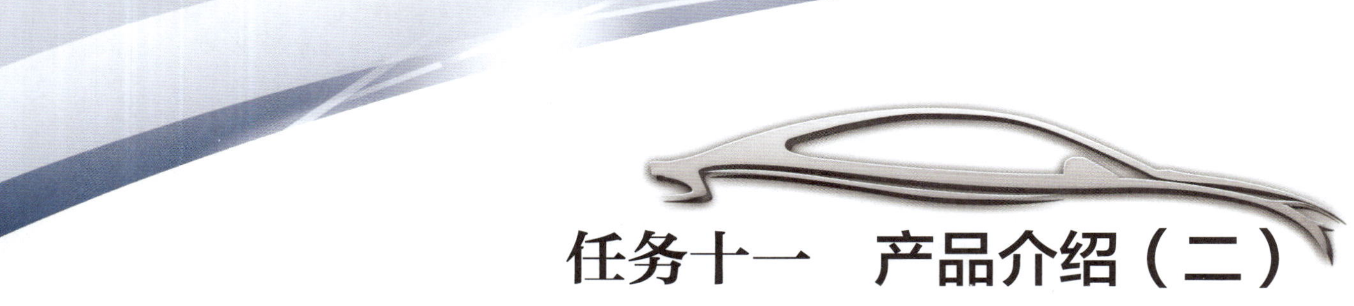

任务十一　产品介绍（二）

<table>
<tr><td colspan="9">产品介绍任务工单——绕车介绍</td></tr>
<tr><td rowspan="2">客户信息</td><td>姓　名</td><td></td><td>职　业</td><td></td><td>联系电话</td><td></td><td>信息来源</td><td></td></tr>
<tr><td>购车用途</td><td></td><td>预购车型</td><td></td><td>购车预算</td><td></td><td>预购时间</td><td></td></tr>
<tr><td colspan="9">汽车销售核心流程
网络营销 → 集客到店 → 售前准备 → 展厅接待 → 需求分析 → 产品介绍 → 试乘试驾 → 报价成交 → 新车交付 → 售后跟踪 → 网络营销</td></tr>
<tr><td>任务描述</td><td colspan="8">制作平面广告图片 □　编写宣传软文 □　微信图文推送 □　网络营销 □　集客到店 □
售前准备 □　展厅接待 □　需求分析 □　产品介绍 □　试乘试驾 □
报价成交 □　新车 PDI 检查 □　新车交付 □　跟踪回访 □　处理投诉 □</td></tr>
<tr><td>明确具体工作任务</td><td colspan="8"></td></tr>
<tr><td>任务目标</td><td colspan="8">● 掌握产品介绍工作流程
● 能够运用六方位绕车介绍法为客户介绍产品
● 能够采取合适的策略进行竞品比较</td></tr>
<tr><td>任务内容</td><td colspan="8">● 产品介绍工作流程
● 六方位绕车介绍法
● 竞品比较</td></tr>
<tr><td>任务重点</td><td colspan="8">● 六方位绕车介绍法</td></tr>
</table>

一、任务准备

在下列图片中勾选出完成本任务所需的物品。

计算机	座机	手机	计算器
销售工具夹	驾驶证	写字板	中性笔
照相机	对讲机	经销商管理系统（DMS）	客户信息卡
实训整车	汽车配置展示架	抹布	销售顾问名片

二、任务分配

教师进行分组，每 5 名学生为一组并推选组长。组长对小组任务进行分配，按照 4S 店岗位人员分类，组员分别扮演不同的人物角色进行情景演练，并将小组成员的具体任务分工填入表 11–1 中。

表 11-1 任务分配表

任务	组长	人员分工	具体任务
产品介绍演练			

三、任务实施

（一）实施步骤

产品介绍的任务实施步骤见表 11-2。

表 11-2 产品介绍的任务实施步骤

序号	实施步骤	实施内容
1	进行分组	按每 5 名学生为一组进行分组并推选组长，小组成员分别扮演不同的角色
2	任务讨论	组内讨论产品介绍的注意事项
3	查找资料	各小组利用计算机或手机查找指定车型的相关配置和性能参数
4	演练要求	（1）不得私自起动车辆及松开驻车制动器，以免发生危险 （2）妥善保护实训室车辆，不得私自拆卸实训车辆的零配件 （3）使用六方位绕车介绍法介绍实训车辆，每组用时 15 ~ 20 min （4）演练过程中，其他同学要认真聆听，并记录演练过程
5	产品介绍情景演练	以实训车辆为例进行产品介绍，产品介绍过程中，客户扮演者需提及竞品车辆，销售顾问应使用相应的话术进行竞品分析，打消客户的疑虑
6	点评总结	演练完毕后，由教师带领大家一起进行点评和总结

（二）实施记录

将本任务的实施过程记录到表 11-3 ~ 表 11-6 中。

表 11-3 比亚迪车型资料表

汽车品牌		车型款式		生产年代	
车身结构		车型卖点			
销售价格		市场口碑			
基本配置参数					
车身尺寸					
动力系统性能指标					

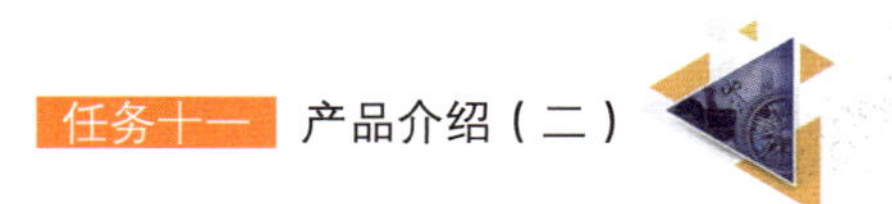

续表

变速箱	
底盘转向	
车轮制动	
主 / 被动安全装置	
辅助 / 操控配置	
外部 / 防盗配置	
内部配置	
座椅配置	
多媒体配置	
灯光配置	
玻璃 / 后视镜 / 空调	

表 11-4　奇瑞车型资料表

汽车品牌		车型款式		生产年代	
车身结构		车型卖点			
销售价格		市场口碑			
基本配置参数					
车身尺寸					

续表

动力系统性能指标	
变速箱	
底盘转向	
车轮制动	
主 / 被动安全装置	
辅助 / 操控配置	
外部 / 防盗配置	
内部配置	
座椅配置	
多媒体配置	
灯光配置	
玻璃 / 后视镜 / 空调	

表 11-5　埃安车型资料表

汽车品牌		车型款式		生产年代	
车身结构		车型卖点			
销售价格		市场口碑			

续表

基本配置参数	
车身尺寸	
动力系统性能指标	
变速箱	
底盘转向	
车轮制动	
主 / 被动安全装置	
辅助 / 操控配置	
外部 / 防盗配置	
内部配置	
座椅配置	
多媒体配置	
灯光配置	
玻璃 / 后视镜 / 空调	

表 11-6　产品介绍任务实施记录表

实施任务	工作内容	
小组讨论	产品介绍方法	六方位绕车介绍法
产品介绍情景演练	左前方 45° 介绍	
	发动机舱介绍	
	乘客侧介绍	
	车辆后部介绍	
	车辆内部介绍	
	驾驶区介绍	
	竞品比较	
点评总结		

四、检查

（一）自检

结合任务实施过程和结果，对照表 11-7 进行自我检查，并将自检结果记录在表 11-7 中。

表 11-7　自检

检查项目	结果
是否讨论产品介绍的注意事项	
是否按 4S 店岗位进行角色扮演	
是否使用六方位绕车介绍法介绍车辆	
是否掌握产品介绍工作流程	
是否进行竞品比较	
情景演练是否达到预期效果，有哪些不足	
是否根据情景演练情况及时填写实施记录表	

（二）互检

根据任务实施过程和结果进行组与组之间的互检，并把检查结果填写在表 11–8 中。

表 11–8 互检

检查项目	结果
是否按 4S 店岗位进行角色扮演	
是否使用六方位绕车介绍法介绍车辆	
是否掌握产品介绍工作流程	
是否进行竞品比较	
情景演练是否达到预期效果，有哪些不足	
是否根据情景演练情况及时填写实施记录表	

五、课堂小结

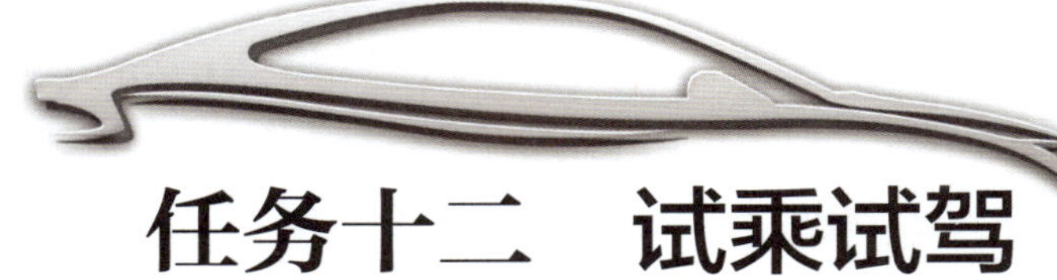

任务十二　试乘试驾

试乘试驾任务工单								
客户信息	姓　名		职　业		联系电话		信息来源	
	购车用途		预购车型		购车预算		预购时间	
汽车销售核心流程：网络营销 → 集客到店 → 售前准备 → 展厅接待 → 需求分析 → 产品介绍 → 试乘试驾 → 报价成交 → 新车交付 → 售后跟踪 → 网络营销								
任务描述	制作平面广告图片 □ 售前准备 □ 报价成交 □		编写宣传软文 □ 展厅接待 □ 新车 PDI 检查 □		微信图文推送 □ 需求分析 □ 新车交付 □		网络营销 □ 产品介绍 □ 跟踪回访 □	集客到店 □ 试乘试驾 □ 处理投诉 □
明确具体工作任务								

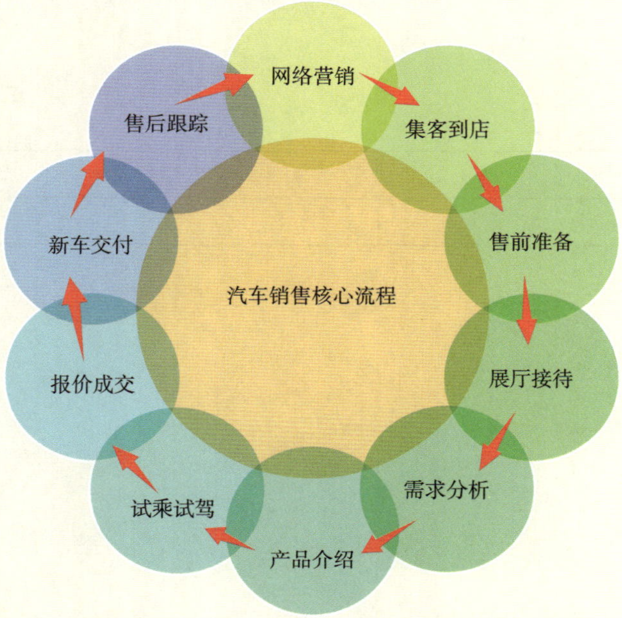

任务目标

- 能够根据试乘试驾流程做好试乘试驾准备工作
- 能够根据试乘试驾流程并运用相关技巧开展试乘试驾活动

任务内容

- 试乘试驾的定义及工作流程
- 试乘试驾前的准备工作
- 试乘试驾的流程和技巧

任务重点

- 试乘试驾前的准备工作
- 试乘试驾的流程和技巧

一、信息链接

1. 试乘试驾的定义及工作流程

试乘试驾是指客户在销售顾问或经销商工作人员的陪同下，沿着指定的路线驾驶指定的车辆，从而全面了解车辆的相关动态性能的活动。试乘试驾的目的是树立客户对车辆的信心，确认客户需求，强化客户关系，创造成功销售的机会。试乘试驾工作流程如图 12–1 所示。

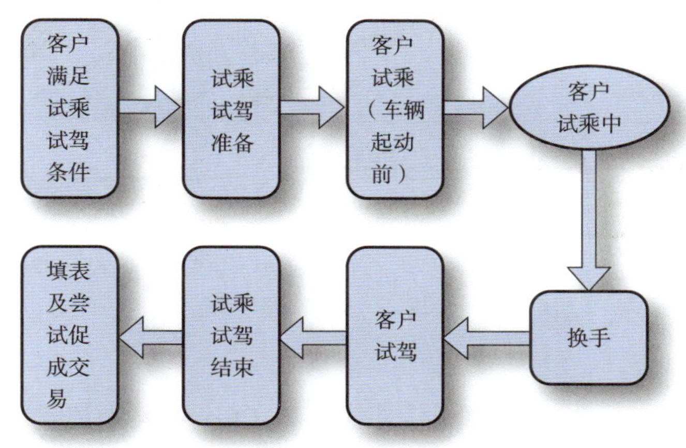

图 12–1 试乘试驾工作流程

2. 试乘试驾前的准备工作

4S 店试乘试驾的准备工作一般包括试乘试驾人员的准备、试乘试驾路线的准备、试乘试驾车辆的准备和试乘试驾文件的准备。

（1）试乘试驾人员的准备。陪同客户进行试乘试驾的销售顾问或试驾专员必须有合法的驾驶证，有一定的驾龄，驾驶技术熟练，熟悉试驾路线路况。

（2）试乘试驾路线的准备。根据客户的类型为其安排相应的试驾路线，为客户设计好试乘试驾测试重点，并根据客户的需求进行调整，试乘试驾路线如图 12–2 所示。

（3）试乘试驾车辆的准备

1）请销售助理确认所需试乘试驾车辆是否可用（一般选择各型号最高配置的车型作为试乘试驾车辆）。

2）事先准备好饮品放入车内，并提前将空调打开，保持试乘试驾车辆整洁且温度适宜。

3）确保试乘试驾车辆油量充足。

4）车头向外将试乘试驾车辆停靠在展厅入口前，填写试乘试驾点检表。

（4）试乘试驾文件的准备

1）销售顾问复印客户的驾驶证。

2）向客户解释试乘试驾相关文件，并请其签署“试乘试驾协议书”。

3）在试乘试驾登记簿上记录客户姓名。

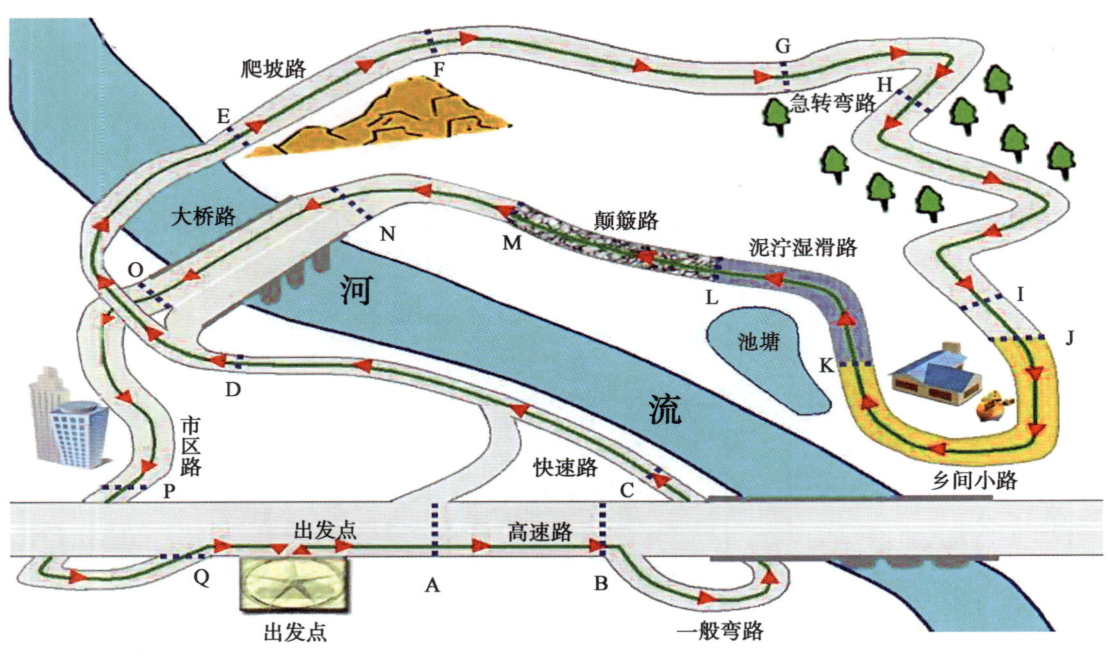

图 12-2 试乘试驾路线

3. 试乘试驾的流程和技巧

试乘试驾在整个汽车销售过程中相当重要，它是客户了解产品动态性能和 4S 店服务的最好时机。试乘试驾各流程具体内容如下：

（1）客户试乘环节（车辆起动前）

1）引导客户上车前，要向客户简单介绍试乘试驾车型。

2）客户上车后，要协助客户调整好座椅并系好安全带。

3）向客户简单介绍车内重要及特色功能模块的使用方法。

4）向客户介绍试乘试驾路线、换手地点和注意事项。

5）询问客户喜欢何种风格的音乐，然后将音响打开。

（2）客户试乘环节（车辆起动后）

1）车辆起动后，让客户在车内感受发动机怠速时的声音。

2）起步阶段，讲解车辆发动机的设计特性。

3）试乘过程中让客户感受车辆的音响效果。

4）试乘过程中让客户感受车辆的空调效果。

5）试乘过程中让客户感受车辆的隔音效果。

6）试乘过程中让客户感受车辆的舒适性（车内空间、底盘悬架等）。

7）试乘过程中让客户感受车辆的安全性和操控性（急加速、急减速、以 30 km/h 速度过弯等）。

（3）换手环节

1）到达预定换手地点，选择安全的地方停车，并将发动机熄火。

2）取下钥匙，由销售顾问保管。

3）帮助客户入座驾驶位，确保客户乘坐舒适。

4）提醒客户调整后视镜、系好安全带，请客户熟悉车辆操作。

5）销售顾问再次向客户说明试驾路线和安全驾驶事项。

（4）客户试驾环节

1）将钥匙交给客户，由客户起动车辆。

2）试驾初期让客户充分体验，避免做过多的说明。

3）适当指引线路，引导客户体验车辆性能并陈述体验感觉。

4）适当称赞客户的驾驶技术，观察客户的驾驶方式，了解客户的关注点。

5）若客户有危险驾驶动作，及时提醒并在必要时干预。

6）客户驾驶过程中介绍车辆的性能和特点，重点讲解与竞品车辆的差别和自身优势。

7）引导体验并寻求客户对性能优势和差别的认同。

（5）试乘试驾结束环节

1）销售顾问或试驾专员将车辆停入试乘试驾停车位。

2）引领客户来到销售区，询问客户是否需要饮品，并提供相应服务。

3）总结试乘试驾体验，让客户感受到销售顾问对其感受和需求的重视。

4）填写试乘试驾记录表。

5）适时进行促单交流，进入报价成交流程。

（6）试乘试驾常用话术

“× 先生 / 女士，我马上带您去试乘试驾，这是我为您安排的试乘试驾路线，整个过程需要 15～20 min。首先由我驾驶，您可以坐在副驾或后排试乘，感受车辆的舒适性；到达 ×× 地点，我们再换手由您驾驶，您可以尽情感受车辆的动力性和操控性。整个试驾过程中限速 80 km/h，没有什么问题的话，我们现在就出发，可以吗？”

“您乘坐的感觉怎么样？隔音性和舒适性您还满意吗？”

“您感觉这辆车的发动机性能怎么样？加速性和换挡平滑程度您还满意吗？”

“一会儿您再关注一下车辆的转弯性能。”

“一会儿我们会先走一段平路，再走一段颠簸路，您可以感受一下这辆车的悬架系统。”

“× 先生 / 女士，感谢您的试乘试驾，还有一件事情需要麻烦您，这里有一张试乘试驾记录表请您填一下，您对这款车的建议以及试乘试驾感受都可以填到里面。”

二、任务准备

在下列图片中勾选出完成本任务所需的物品。

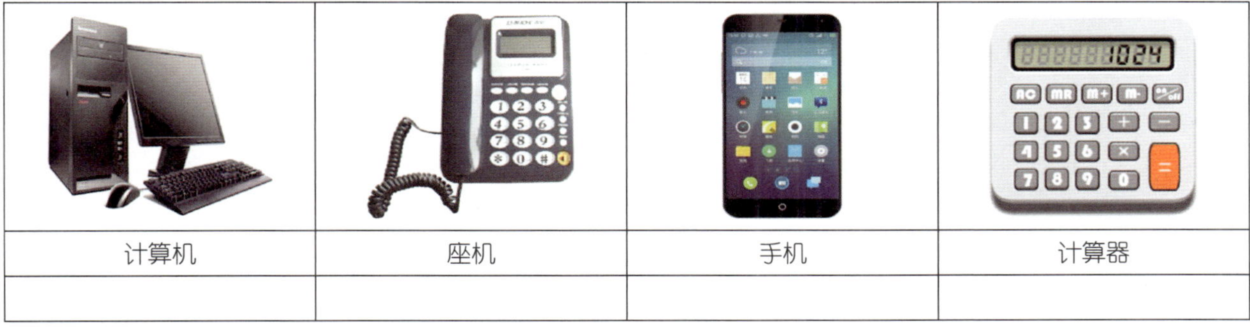

计算机	座机	手机	计算器

 销售工具夹	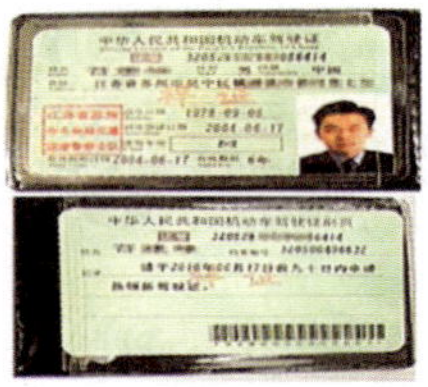 驾驶证	 写字板	 中性笔
		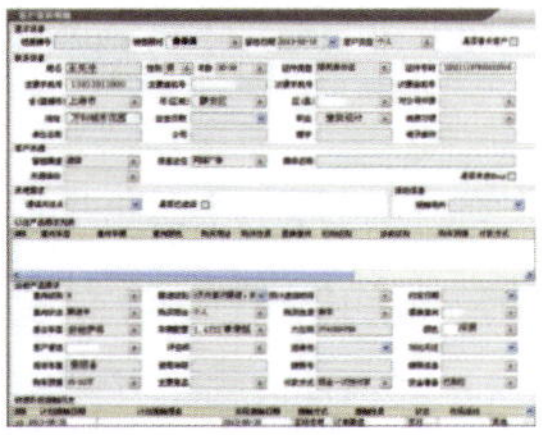	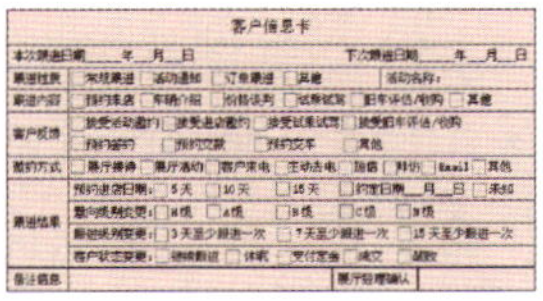
照相机	对讲机	经销商管理系统（DMS）	客户信息卡

实训整车	汽车配置展示架	抹布	销售顾问名片

三、任务分配

教师进行分组，每 5 名学生为一组并推选组长。组长对小组任务进行分配，按照 4S 店岗位人员分类，组员分别扮演不同的人物角色进行情景演练，并将小组成员的具体任务分工填入表 12-1 中。

表 12-1　任务分配表

任务	组长	人员分工	具体任务
试乘试驾演练			

四、任务实施

（一）实施步骤

试乘试驾的任务实施步骤见表 12–2。

表 12–2 试乘试驾的任务实施步骤

序号	实施步骤	实施内容
1	进行分组	按每 5 名学生为一组进行分组并推选组长，小组成员分别扮演不同的角色
2	任务讨论	组内讨论试乘试驾工作流程和技巧
3	车辆准备	各小组根据教师分配的车型，按照试乘试驾车辆点检表的检查内容进行车辆准备
4	演练要求	（1）不得私自起动车辆及松开驻车制动器，以免发生危险 （2）妥善保护实训室车辆，不得私自拆卸实训车辆的零配件 （3）试乘试驾任务只能在实训车上静态实施，出于安全考虑，不得将车辆开出实训基地 （4）演练过程中，其他同学要认真聆听，并记录演练过程
5	试乘试驾情景演练	（1）销售助理对试乘试驾车辆进行检查 （2）销售顾问引导客户签订“试乘试驾协议书” （3）进行试乘试驾演练，期间客户扮演者需提及竞品车辆，销售顾问应使用相应的话术进行竞品分析，打消客户的疑虑 （4）试乘试驾结束后，征询客户试乘试驾感受，并填写试乘试驾记录表
6	点评总结	演练完毕后，由教师带领大家一起进行点评和总结

（二）实施记录

将本任务的实施过程记录到表 12–3 ~ 表 12–6 中。

表 12–3 试乘试驾协议书

试乘试驾协议书
经销店名称： 试乘试驾车型： 本人于　　年　　月　　日在经销店参加试乘试驾活动，特此作如下陈述与说明： 本人在试乘试驾过程中将严格遵守机动车驾驶的法规和要求，并服从公司的指示，安全、文明驾驶，尽最大努力保护试乘试驾车辆的安全和完好，否则，对贵公司造成的一切损失，将全部由本人承担。 试驾人姓名： 驾驶证号码： 联系地址： 联系电话： 电子邮件：

表 12-4　试乘试驾车辆点检表

点检内容		月　日		月　日		月　日		月　日		月　日	
		是	否	是	否	是	否	是	否	是	否
外观	车身是否清洁										
	是否符合试乘试驾要求										
	车身是否有划痕或碰撞痕迹										
	轮胎气压及磨损情况是否正常										
	前照灯、转向灯、后视镜是否有损伤										
驾驶区	脚垫、烟灰缸、中央扶手是否清洁										
	制动踏板状态是否正常										
	发动机启动状态是否正常										
	油箱存量是否充足										
	各灯光开关状态是否正常										
	驾驶座各方向调整是否正常										
	车内饰品是否齐备并完好										
	音响功能是否正常										
	空调系统是否正常										
	安全带是否能正常使用										
发动机舱	制动液存量是否正常										
	冷却液存量是否正常										
	发动机润滑油存量是否正常										
	蓄电池电压是否正常										
	曲轴各传动带是否正常										
服务	是否为客户放置了饮品										
	是否为客户准备了纸巾										
点检人签名											

表 12-5　试乘试驾任务实施记录表（一）

实施任务	工作内容			
小组讨论	试乘试驾工作流程	1.	2.	3.
		4.	5.	6.
		7.	8.	9.
试乘试驾情景演练	车辆准备	工作内容：		
	客户试乘	工作内容：		

续表

<table>
<tr><td>实施任务</td><td colspan="2">工作内容</td></tr>
<tr><td rowspan="3">试乘试驾
情景演练</td><td>换手过程</td><td>工作内容：</td></tr>
<tr><td>客户试驾</td><td>工作内容：</td></tr>
<tr><td>试乘试驾结束</td><td>工作内容：</td></tr>
<tr><td>点评总结</td><td colspan="2"></td></tr>
</table>

表 12-6　试乘试驾任务实施记录表（二）

<table>
<tr><td colspan="2">试乘试驾车型</td><td colspan="2"></td><td>销售顾问</td><td colspan="3"></td></tr>
<tr><td colspan="2">经销商地址</td><td colspan="6"></td></tr>
<tr><td>序号</td><td>试乘试驾日期</td><td>试乘试驾方式</td><td>试乘试驾路线</td><td>试驾里程</td><td>客户级别</td><td>客户签名</td><td>试乘试驾意见</td></tr>
<tr><td>1</td><td></td><td></td><td></td><td></td><td></td><td></td><td></td></tr>
<tr><td>2</td><td></td><td></td><td></td><td></td><td></td><td></td><td></td></tr>
<tr><td>3</td><td></td><td></td><td></td><td></td><td></td><td></td><td></td></tr>
<tr><td>4</td><td></td><td></td><td></td><td></td><td></td><td></td><td></td></tr>
<tr><td>5</td><td></td><td></td><td></td><td></td><td></td><td></td><td></td></tr>
<tr><td>6</td><td></td><td></td><td></td><td></td><td></td><td></td><td></td></tr>
<tr><td>7</td><td></td><td></td><td></td><td></td><td></td><td></td><td></td></tr>
<tr><td>8</td><td></td><td></td><td></td><td></td><td></td><td></td><td></td></tr>
<tr><td>9</td><td></td><td></td><td></td><td></td><td></td><td></td><td></td></tr>
<tr><td>10</td><td></td><td></td><td></td><td></td><td></td><td></td><td></td></tr>
</table>

五、检查

（一）自检

结合任务实施过程和结果，对照表 12-7 进行自我检查，并将自检结果记录在表 12-7 中。

表 12-7　自检

检查项目	结果
是否讨论试乘试驾工作流程	
是否按 4S 店岗位进行角色扮演	
是否按流程进行试乘试驾情景演练	
试乘试驾环节是否进行竞品比较	
情景演练是否达到预期效果，有哪些不足	
是否根据情景演练情况及时填写实施记录表	

（二）互检

根据任务实施过程和结果进行组与组之间的互检，并把检查结果填写在表 12-8 中。

表 12-8　互检

检查项目	结果
是否按 4S 店岗位进行角色扮演	
是否按流程进行试乘试驾情景演练	
试乘试驾环节是否进行竞品比较	
情景演练是否达到预期效果，有哪些不足	
是否根据情景演练情况及时填写实施记录表	

六、课堂小结

___

情境四
汽车销售促单成交

任务十三　报价成交（一）

报价成交任务工单——议价与促单								
客户信息	姓　　名		职　　业		联系电话		信息来源	
	购车用途		预购车型		购车预算		预购时间	

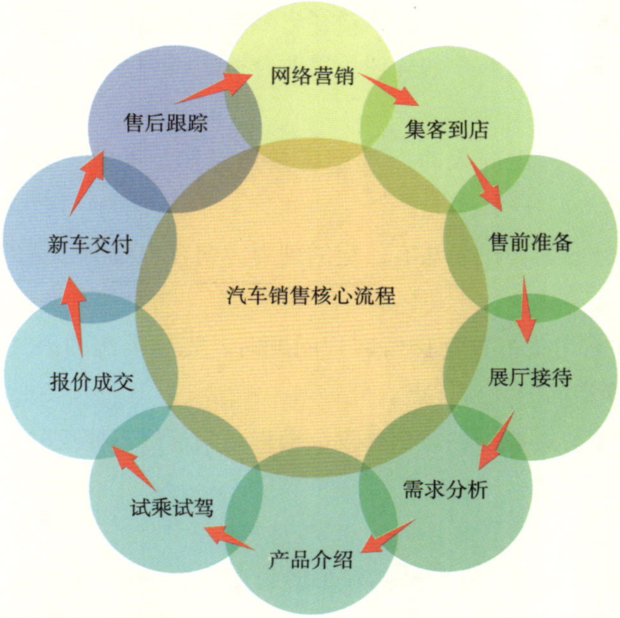

汽车销售核心流程

网络营销 → 集客到店 → 售前准备 → 展厅接待 → 需求分析 → 产品介绍 → 试乘试驾 → 报价成交 → 新车交付 → 售后跟踪 → 网络营销

任务描述					
	制作平面广告图片 □	编写宣传软文 □	微信图文推送 □	网络营销 □	集客到店 □
	售前准备 □	展厅接待 □	需求分析 □	产品介绍 □	试乘试驾 □
	报价成交 □	新车 PDI 检查 □	新车交付 □	跟踪回访 □	处理投诉 □

明确具体工作任务

____

____

任务目标

- 能够正确处理客户的异议
- 能够灵活运用各种技巧促成交易
- 能够与客户签订购车合同

任务内容

- 异议处理的步骤与方法
- 报价成交工作流程
- 签订购车合同
- 贷款购车工作流程
- 签约成交的技巧方法

任务重点

- 异议处理的步骤与方法
- 报价成交工作流程与技巧

一、信息链接

1. 异议处理的步骤与方法

异议是指客户对产品、销售人员、交易价格等发出的怀疑或抱怨，提出的否定或反对意见。异议是销售过程中的正常现象，是成交的前奏和信号。常见的异议包括“价格比想象中的贵”“竞争产品更便宜”“我负担不起”“我想要更大的优惠”“我做不了决定”“你的解释未能使我信服”等。

（1）异议处理的步骤

1）认同理解客户。如回应“先生，您有这样的想法我完全能够理解”或是“我要是您，我在选择大件商品的时候也会有这样的想法”，为后续谈话进行铺垫。

2）探寻客户异议来源和真实目的。区分清楚客户是为了压低价格还是有真实的顾虑。

3）采取适当的应对措施。针对客户的异议，采取合适的应对方法，打消客户的疑虑。

（2）异议处理的方法

1）预防法。在客户尚未提出异议时，观察客户的意图，抢先一步提出问题，并进行适当的回答。

2）转折处理法。首先承认客户的看法有一定的理由，向客户做出一定的让步，然后用间接的方法说服客户。

3）委婉处理法。当没有考虑好如何回答客户问题时，先用委婉的语气把对方的反对意见重复一遍，避开客户的异议，转谈产品的其他优点。

4）冷处理法。对那些不影响成交的客户异议，销售顾问最好不要反驳，有时不回应就是最佳的应对方式。

2. 报价成交工作流程

（1）准备资料，确认库存信息。提前准备好车型彩页、配置单、标准化订单合同、报价单、贷款方案等资料，并准备好最新的库存表，确认库存信息。

（2）议价商谈，确认购买车辆。在取得客户“相对购买承诺”的基础上，与客户商谈购车价格。购车价格的组成如下：

一次性付款 = 裸车价 + 购置附加税 + 保险费 + 上牌费 + 其他费用

分期付款（常见的有本地银行贷款和生产厂商的金融贷款两种）= 裸车价 + 购置附加税 + 保险费 + 上牌费 + 贷款手续费 + 利息 + 担保费 + 公正抵押费 + 其他费用

（3）确定车辆价格，拟定销售方案

1）请客户确认所选择的车型、保险、付款方式、“一条龙服务”等代办手续。

2）根据客户需求拟定销售方案。

3）对报价内容、付款方式及各种费用进行详尽易懂的说明，耐心回答客户的问题。

4）详细说明车辆购置程序和费用。

5）让客户有充分的时间审核销售方案。

3. 签订购车合同

（1）制作合同，并与销售经理就合同内容进行确认，得到其认可。

（2）专心处理客户签约事宜，谢绝外界一切干扰，暂不接电话，表示对客户的尊重。

（3）协助客户确认所有合同细节，请客户签字后把合同书副本交给客户，并感谢客户。

（4）协助客户交纳定金，完成签约。

（5）做好签约成交后续工作，具体如下：

1）根据实际情况与客户约定交车时间。

2）从签约后到交车前期间，保持与客户的联络，至少每周与客户联系一次，让客户及时了解车辆的准备情况，避免订单流失。

3）确认配送车辆后，提前通知客户准备好余款。

4）进行余款交纳的跟踪确认，直至客户完成余款交纳。

4. 贷款购车工作流程

（1）准备好分期贷款利率、期数换算表和报价单等资料。

（2）帮助客户分析贷款购车优势，与客户洽谈贷款购车意向。

（3）打印和解释贷款购车报价。

（4）与客户协商贷款购车合同。

（5）签订贷款购车合同，协助客户支付贷款购车首付款。

5. 签约成交的技巧方法

（1）请求成交法。请求成交法又称直接成交法，是指汽车销售顾问直接要求客户购买产品的一种成交方法。这是一种最简单、最基本的成交方法，也是一种最常用的成交方法。请求成交法一般适用于老客户、有明确购买意图的客户或者已消除异议的客户。请求成交法常见话术如下：

“没什么问题的话，我们就把合同签了吧。”

“要不我们先把车预订下来吧，不然要被别人预订了。”

“您看我们都联系这么久了，您还是把定金交了吧。”

（2）假设成交法。假设成交法是指销售顾问在假定客户已经接受销售建议，同意购买的基础上，通过提出一些具体的问题，直接要求客户购买的方法。假设成交法运用的关键是销售顾问必须具备较强的自信心，这种自信心同时也会感染到客户，增强客户的购买信心。假设成交法常见话术如下：

“您以后在使用车辆的过程中，有什么问题可以随时找我。”

“以后在您用车过程中，我依然还会随时为您效劳。”

“您现在没什么问题了吧？那您打算哪天提车呢？我好早一点为您安排。”

（3）选择成交法。选择成交法是指销售顾问为客户提供一个选择范围，并要求客户立刻做出选择的成交方法，这种方法可以认为是假设成交法的延伸。销售顾问在假定成交的基础上向客户提供成交决策的比较方案，先假设成交，后选择成交。选择成交法的要点是使客户回避买还是不买的问题，而是在购买产品的基础上，对产品的数量、规格、颜色、型号、交付日期进行选择。选择成交法常见话术如下：

“您看您今天是交定金还是全部付清？”

“您看这款车您是定白色的还是黑色的？”

“您是今天提车还是明天再来提车？”

“您今天付定金是现金还是刷卡呢？”

（4）机会成交法。机会成交法是销售顾问针对客户害怕错过购买机会的心理动机，督促客户购买车辆的成交方法。机会成交法常见话术如下：

“× 先生 / 女士，今天生产厂家在我们店里做一场特供直销活动，价格史无前例，而且都是现车，您今天不定车的话，今年内这个价格也不会再有了。”

“× 先生 / 女士，今天是我们活动最后一天，价格您也知道，绝对划算的，明天我们的价格就要回到平日价了，所以您一定要抓住这个机会啊！”

（5）优惠成交法。优惠成交法是利用客户求利的购买动机，直接提供给客户相关的优惠条件，促使客户立即购买产品的成交方法。优惠成交法不能乱用，否则客户会认为价格还有更大的“水分”，或直接对产品质量产生怀疑，从而导致交易失败。优惠成交法常见话术如下：

“× 先生 / 女士，如果您今天定车的话，不仅可以享受到 5 000 元的现金优惠和 3 000 元的装潢大礼包，我今天还可以额外赠送您两次常规保养！”

“× 先生 / 女士，您放心，这台特价车的价格绝对到位了，而且只要您今天定车，我一定再帮您争取 500 元左右的礼品！”

二、任务准备

在下列图片中勾选出完成本任务所需的物品。

计算机	座机	手机	计算器
销售工具夹	驾驶证	写字板	中性笔

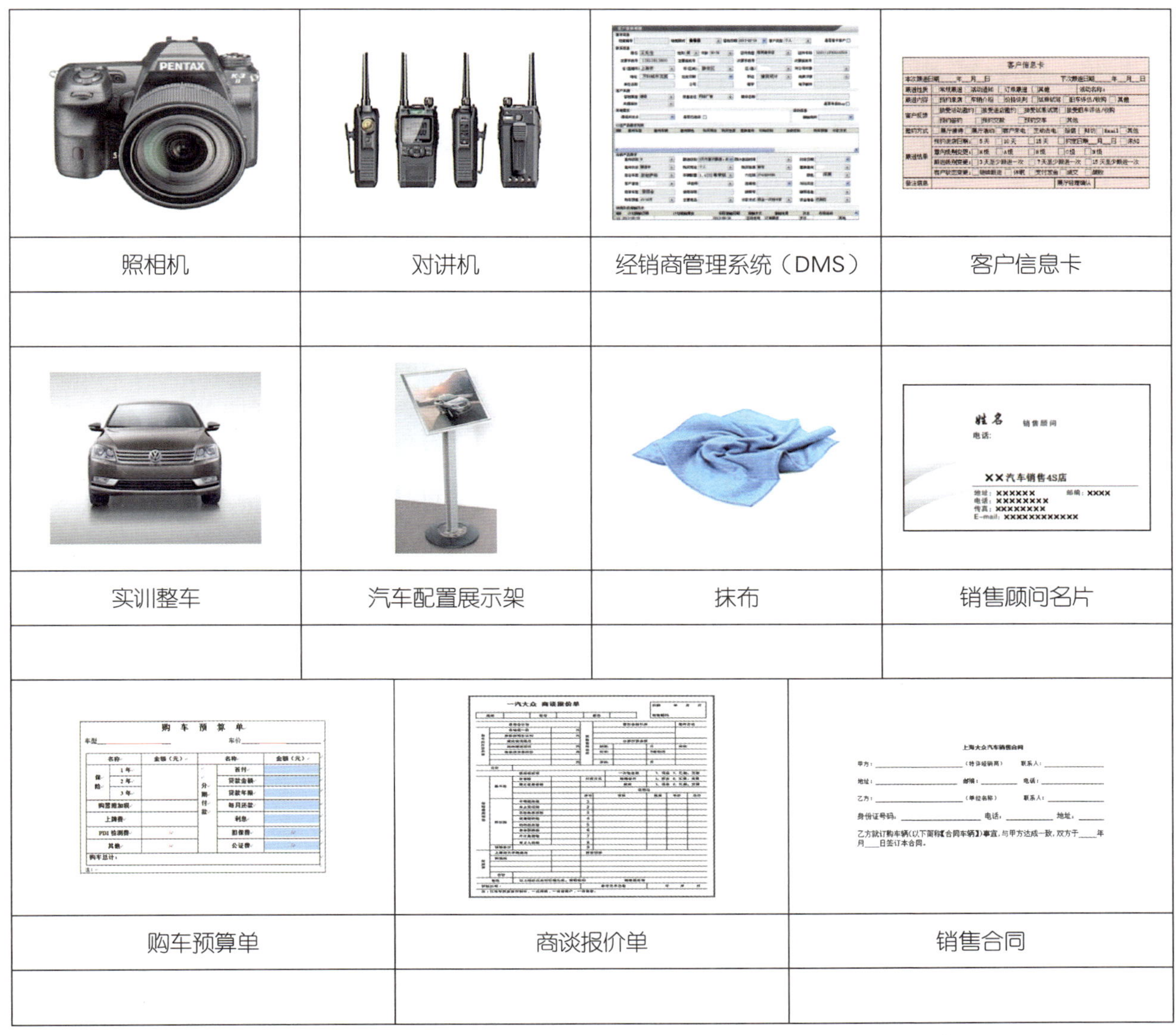

三、任务分配

教师进行分组，每 5 名学生为一组并推选组长。组长对小组任务进行分配，按照 4S 店岗位人员分类，组员分别扮演不同的人物角色进行情景演练，并将小组成员的具体任务分工填入表 13-1 中。

表 13-1 任务分配表

任务	组长	人员分工	具体任务
报价成交演练			

四、任务实施

（一）实施步骤

报价成交的任务实施步骤见表 13-2。

表 13-2 报价成交的任务实施步骤

序号	实施步骤	实施内容
1	进行分组	按每 5 名学生为一组进行分组并推选组长，小组成员分别扮演不同的角色
2	任务讨论	组内讨论报价成交工作流程和注意事项
3	准备工作	各小组根据教师分配的车型，进行销售工具和销售资料的准备
4	演练要求	（1）不得私自起动车辆及松开驻车制动器，以免发生危险 （2）妥善保护实训室车辆，不得私自拆卸实训车辆的零配件 （3）报价成交环节在销售洽谈区进行，演练前要清洁环境卫生 （4）演练过程中，其他同学要认真聆听，并记录演练过程
5	报价成交情景演练	（1）以实训车辆为例进行报价成交情景演练 （2）销售顾问进行车辆报价 （3）客户提出各种异议 （4）销售顾问进行购车异议处理 （5）销售顾问利用不同的成交方法达成签约 （6）确定付款方式，讲解贷款购车的优势 （7）签订购车合同，交付首付款 （8）给客户讲解后续事项，约定新车交付时间
6	点评总结	演练完毕后，由教师带领大家一起进行点评和总结

（二）实施记录

将本任务的实施过程记录到表 13-3 ~ 表 13-5 中。

表 13-3 报价成交任务实施记录表

实施任务	工作内容			
小组讨论	报价成交工作流程	1.	2.	3.
		4.	5.	6.
		7.	8.	9.
销售顾问工具准备	检查销售工具是否齐全	名片：有 □ 无 □ 笔：有 □ 无 □ 计算器：有 □ 无 □ 平板计算机：有 □ 无 □ 对讲机：有 □ 无 □ 蓝牙耳机：有 □ 无 □ 记事本：有 □ 无 □ 产品资料：有 □ 无 □ 宣传画册：有 □ 无 □ 报价单：有 □ 无 □ 销售合同：有 □ 无 □ 车型配置表：有 □ 无 □		

续表

<table>
<tr><th>实施任务</th><th colspan="2">工作内容</th></tr>
<tr><td rowspan="6">报价成交
情景演练</td><td>车辆报价</td><td>工作内容：</td></tr>
<tr><td>客户异议</td><td>工作内容：</td></tr>
<tr><td>异议处理</td><td>工作内容：</td></tr>
<tr><td>报价成交</td><td>工作内容：</td></tr>
<tr><td>贷款购车</td><td>工作内容：</td></tr>
<tr><td>签订购车合同</td><td>工作内容：</td></tr>
<tr><td>点评总结</td><td colspan="2"></td></tr>
</table>

表 13-4 商谈报价单（样本）

<table>
<tr><td colspan="6">一汽大众 商谈报价单</td><td colspan="4" rowspan="2">日期： 年 月 日
销售顾问：</td></tr>
<tr><td>品牌</td><td></td><td>型号</td><td></td><td>颜色</td><td></td></tr>
<tr><td colspan="5">费用合计项</td><td rowspan="7">按揭费用明细</td><td colspan="3">签约金融机构</td><td>抵押方式</td></tr>
<tr><td rowspan="6">购车应付款总额</td><td colspan="3">市场统一价</td><td>元</td><td colspan="3"></td><td rowspan="2"></td></tr>
<tr><td colspan="3">店面促销让利</td><td>元</td><td colspan="3"></td></tr>
<tr><td colspan="3">赠送装潢项目</td><td>元</td><td colspan="4">分期付款金额</td></tr>
<tr><td colspan="3">其他赠送项目</td><td>元</td><td>期限</td><td></td><td>月</td><td>其他</td></tr>
<tr><td colspan="3">商谈成交最终价</td><td>元</td><td>利率</td><td></td><td>% 每年 / 月</td><td></td></tr>
<tr><td colspan="3"></td><td>元</td><td>月供</td><td></td><td>元</td><td></td></tr>
<tr><td>合计</td><td colspan="9"></td></tr>
</table>

续表

<table>
<tr><td colspan="4">费用明细项</td><td rowspan="2">付款方式</td><td>全额支付</td><td colspan="3">1. 现金　2. 汇票、支票</td></tr>
<tr><td rowspan="11">保险费用明细</td><td rowspan="3">基本险</td><td>交强险</td><td></td><td>分期支付</td><td colspan="3">1. 现金　2. 汇票、支票</td></tr>
<tr><td>第三者责任险</td><td></td><td colspan="5">装饰品</td></tr>
<tr><td>车辆损失险</td><td></td><td>序号</td><td>项目</td><td>数量</td><td>单价</td><td>总价</td></tr>
<tr><td rowspan="7">附加险</td><td>全车盗抢险</td><td></td><td>1</td><td></td><td></td><td></td><td></td></tr>
<tr><td>车上人员责任险</td><td></td><td>2</td><td></td><td></td><td></td><td></td></tr>
<tr><td>无过失责任险</td><td></td><td>3</td><td></td><td></td><td></td><td></td></tr>
<tr><td>玻璃单独破碎险</td><td></td><td>4</td><td></td><td></td><td></td><td></td></tr>
<tr><td>自燃损失险</td><td></td><td>5</td><td></td><td></td><td></td><td></td></tr>
<tr><td>车身划痕险</td><td></td><td>6</td><td></td><td></td><td></td><td></td></tr>
<tr><td>不计免赔特约险</td><td></td><td>7</td><td></td><td></td><td></td><td></td></tr>
<tr><td>保险合计</td><td colspan="2"></td><td>8</td><td></td><td></td><td></td><td></td></tr>
<tr><td rowspan="3">附加费</td><td colspan="2">上牌相关手续费用</td><td></td><td colspan="5" rowspan="3">商谈记录：</td></tr>
<tr><td colspan="2">购置税</td><td></td></tr>
<tr><td>合计</td><td colspan="2"></td></tr>
<tr><td colspan="2">备注</td><td colspan="7">以上报价以实时行情为准，最终解释权归销售服务商</td></tr>
<tr><td colspan="4">保险公司：</td><td colspan="2">参考交车日期</td><td colspan="3">年　　月　　日</td></tr>
<tr><td colspan="9">注：此单为本公司自行制作，一式两联，一份客户留存，一份公司留存</td></tr>
</table>

表 13-5　汽车销售合同（样本）

甲方：____________________（特许经销商）　　联系人：__________

地址：____________________　邮编：__________　电　话：__________

乙方：____________________　　联系人：__________

身份证号：____________________

地址：____________________　邮编：__________　电　话：__________

乙方就订购所需车辆（以下简称合同车辆）事宜，与甲方达成一致意见，双方于______年____月____日签订本合同。

一、合同车辆规格及价款

车型代码/选装件代码	颜色	单价（人民币：元）	数量	小计（人民币：元）
总计：				

续表

合同车辆主要配置：____

____

二、合同车辆的交付

1. 交付方式按以下第（　　）项进行。

（1）乙方至交付地点自提自运。

（2）甲方将合同车辆运至乙方指定的地点，运费为________元，由______支付。

2. 交付地点：____

3. 交付时间：____

三、付款

1. 付款方式：乙方付款将按照以下第（　　）项进行。

（1）一次性付款：在本合同签订之时向甲方一次性付清合同总价款。

（2）分期付款：自本合同签订之日起______日内向甲方支付本合同总价款的______%即人民币__________元作为预付款，并在______日内向甲方支付合同总价款的余下部分。如果乙方欲解除本合同，则预付款作为乙方的违约金归甲方所有。

（3）贷款付款：乙方要求以担保方式贷款付款的，向甲方指定的金融机构申请汽车消费贷款。乙方在签订本合同后______日内，向甲方支付首付款及相关费用，即人民币________元。甲方在收到金融机构发出的“批准贷款通知书”后本合同方生效。

（4）其他方式：____

2. 支付日期以甲方账户显示收到全部合同总价款为准。

四、验收

合同车辆验收应于交货当日在交货地点进行。验收完成后，双方应共同签署验车交接单。乙方未提出异议，则视为甲方交付的合同车辆的数量和质量均符合本合同的要求。

五、随车交付的文件

1. 合同车辆的产品合格证、首次 7 500 km 免费保养凭证、使用维修说明书。

2. 其他乙方委托甲方代办，甲方办妥的证件、凭证：________________________________

六、甲方保证

1. 合同车辆已经过售前的调试、检验和清洁。

2. 合同车辆符合随车交付文件中所列的各项规格和指标。

3. 不改变合同车辆的出厂状态，即不改动或改装合同车辆，不添加任何其他标记、标识。

七、乙方保证

1. 乙方是所购合同车辆的最终用户。乙方不以任何商业目的展示合同车辆或将合同车辆用于有损合同车辆品牌形象的活动及行为。

2. 乙方所购车辆仅在中国使用，不再出口至其他国家或地区。

3. 乙方在购车前，已事先获得合法的资格，并在购车后依法律规定的时间到有关车辆管理部门依法办理一切登记手续，否则因此造成的不良后果均由乙方承担。

4. 乙方保证不移去所购合同车辆上的徽章或商标等标志，或用其他方式来掩盖或替代。

八、质量及质量担保

1. 乙方所购合同车辆为合格产品。但是双方明了，合同车辆的重量、功率、油耗、最高时速及其他具体数据只被视为近似值。

2. 合同车辆的质量担保范围及方式见随车所附的使用维护说明书。

3. 乙方及其许可使用合同车辆的人员，应按使用维护说明书要求规范使用、保养和维修车辆，如有违反，造成和/或引起合同车辆的损坏或故障，则不能获得质量担保服务。

4. 未经甲方书面许可，乙方不得将合同车辆以出租营运目的使用或转售。为此双方约定，乙方若有违反，则由此引起的任何质量后果均由乙方承担，包括免除甲方和/或制造商的质量担保责任及其他质量责任。

九、不可抗力

因不可抗力致使本合同一方不能履行合同的，则根据不可抗力的影响，部分或全部免除其责任。但是，该方因不可抗力不能履行合同，负有及时通知和 10 日内提供证明的责任。

续表

十、违约责任 本合同任何一方违约，违约方应赔偿守约方的实际经济损失，除非本合同另有约定。 十一、争议的解决 因本合同产生的一切争议，合同双方应通过友好协商解决。如协商不成，应向甲方所在地人民法院起诉，通过诉讼解决。 十二、双方约定 1. 乙方自提取合同车辆之时起，将对合同车辆承担全部风险，包括因不当使用合同车辆而造成的损坏和 / 或损害。 2. 如果乙方已提车，但尚有本合同约定的车款没有付清，合同车辆的所有权属甲方，且乙方不得将合同车辆用于抵押或其他债权担保。甲方据此有权解除本合同、收回合同车辆并向乙方收取车辆使用费。 3. 本合同双方申明，双方自愿签署本合同，对本合同项下各条款内容仔细阅读并理解，保证履行。本合同为合同车辆买卖的全部法律文件。有关合同车辆的任何广告、宣传单张、推介资料或其他媒体形式的信息仅供乙方参考。 4. 本合同一式三份，双方各执一份，一份交上海大众汽车有限公司备案，经双方共同签署即为成立。 5. 其他事项：______________________________ ______________________________ 合同签署： 甲方（盖章）：　　　　　　　　乙方（或代表签字）： 代表人：　　　　　　　　　　　盖章：

五、检查

（一）自检

结合任务实施过程和结果，对照表 13–6 进行自我检查，并将自检结果记录在表 13–6 中。

表 13–6　自检

检查项目	结果
是否讨论报价成交工作流程	
是否进行销售工具和销售资料的准备	
是否按 4S 店岗位进行角色扮演	
是否按流程进行报价成交情景演练	
通过演练是否掌握报价成交工作流程	
报价成交环节是否进行竞品比较	
情景演练是否达到预期效果，有哪些不足	
是否根据情景演练情况及时填写实施记录表	

（二）互检

根据任务实施过程和结果进行组与组之间的互检，并把检查结果填写在表 13–7 中。

表 13–7　互检

检查项目	结果
是否按 4S 店岗位进行角色扮演	
是否按流程进行报价成交情景演练	
通过演练是否掌握报价成交工作流程	
报价成交环节是否进行竞品比较	
情景演练是否达到预期效果，有哪些不足	
是否根据情景演练情况及时填写实施记录表	

六、课堂小结

任务十四　报价成交（二）

<table>
<tr><td colspan="9">报价成交任务工单——成交签约</td></tr>
<tr><td rowspan="2">客户信息</td><td>姓　名</td><td></td><td>职　业</td><td></td><td>联系电话</td><td></td><td>信息来源</td><td></td></tr>
<tr><td>购车用途</td><td></td><td>预购车型</td><td></td><td>购车预算</td><td></td><td>预购时间</td><td></td></tr>
<tr><td colspan="9">汽车销售核心流程：网络营销 → 集客到店 → 售前准备 → 展厅接待 → 需求分析 → 产品介绍 → 试乘试驾 → 报价成交 → 新车交付 → 售后跟踪 → 网络营销</td></tr>
<tr><td>任务描述</td><td colspan="8">制作平面广告图片 □　编写宣传软文 □　微信图文推送 □　网络营销 □　集客到店 □
售前准备 □　展厅接待 □　需求分析 □　产品介绍 □　试乘试驾 □
报价成交 □　新车 PDI 检查 □　新车交付 □　跟踪回访 □　处理投诉 □</td></tr>
<tr><td>明确具体工作任务</td><td colspan="8"></td></tr>
<tr><td>任务目标</td><td colspan="8">● 能够正确处理客户的异议
● 能够灵活运用各种技巧促成交易
● 能够与客户签订购车合同</td></tr>
<tr><td>任务内容</td><td colspan="8">● 异议处理的步骤与方法
● 报价成交工作流程
● 签订购车合同
● 贷款购车工作流程
● 签约成交的技巧方法</td></tr>
<tr><td>任务重点</td><td colspan="8">● 异议处理的步骤与方法
● 报价成交工作流程与技巧</td></tr>
</table>

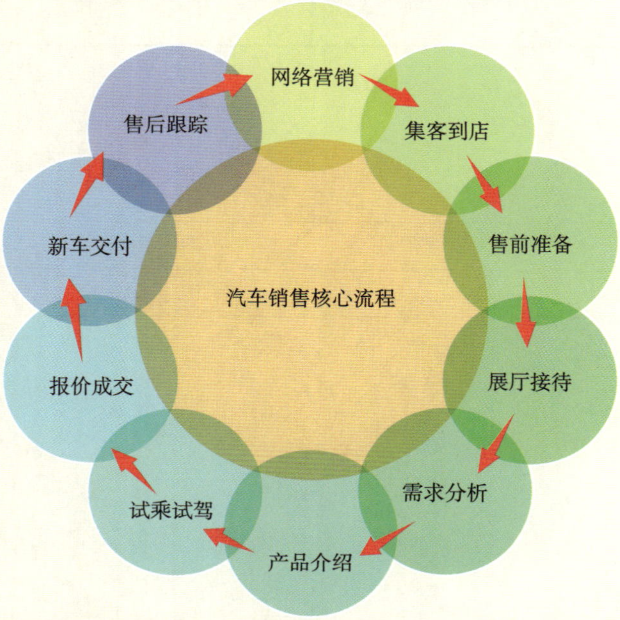

一、任务准备

在下列图片中勾选出完成本任务所需的物品。

二、任务分配

教师进行分组，每 5 名学生为一组并推选组长。组长对小组任务进行分配，按照 4S 店岗位人员分类，组员分别扮演不同的人物角色进行情景演练，并将小组成员的具体任务分工填入表 14–1 中。

表 14–1 任务分配表

任务	组长	人员分工	具体任务
报价成交演练			

三、任务实施

（一）实施步骤

报价成交的任务实施步骤见表 14–2。

表 14–2 报价成交的任务实施步骤

序号	实施步骤	实施内容
1	进行分组	按每 5 名学生为一组进行分组并推选组长，小组成员分别扮演不同的角色
2	任务讨论	组内讨论报价成交工作流程和注意事项
3	准备工作	各小组根据教师分配的车型，进行销售工具和销售资料的准备
4	演练要求	（1）不得私自起动车辆及松开驻车制动器，以免发生危险 （2）妥善保护实训室车辆，不得私自拆卸实训车辆的零配件 （3）报价成交环节在销售洽谈区进行，演练前要清洁环境卫生 （4）演练过程中，其他同学要认真聆听，并记录演练过程
5	报价成交情景演练	（1）以实训车辆为例进行报价成交情景演练 （2）销售顾问进行车辆报价 （3）客户提出各种异议 （4）销售顾问进行购车异议处理 （5）销售顾问利用不同的成交方法达成签约 （6）确定付款方式，讲解贷款购车的优势 （7）签订购车合同，交付首付款 （8）给客户讲解后续事项，约定新车交付时间
6	点评总结	演练完毕后，由教师带领大家一起进行点评和总结

（二）实施记录

将本任务的实施过程记录到表 14-3 ~ 表 14-5 中。

表 14-3　报价成交任务实施记录表

<table>
<tr><th>实施任务</th><th colspan="4">工作内容</th></tr>
<tr><td rowspan="3">小组讨论</td><td rowspan="3">报价成交
工作流程</td><td>1.</td><td>2.</td><td>3.</td></tr>
<tr><td>4.</td><td>5.</td><td>6.</td></tr>
<tr><td>7.</td><td>8.</td><td>9.</td></tr>
<tr><td>销售顾问
工具准备</td><td>检查销售工具
是否齐全</td><td colspan="3">名片：有 □　无 □　笔：有 □　无 □　计算器：有 □　无 □
平板计算机：有 □　无 □　对讲机：有 □　无 □　蓝牙耳机：有 □　无 □
记事本：有 □　无 □　产品资料：有 □　无 □　宣传画册：有 □　无 □
报价单：有 □　无 □　销售合同：有 □　无 □　车型配置表：有 □　无 □</td></tr>
<tr><td rowspan="6">报价成交
情景演练</td><td>车辆报价</td><td colspan="3">工作内容：</td></tr>
<tr><td>客户异议</td><td colspan="3">工作内容：</td></tr>
<tr><td>异议处理</td><td colspan="3">工作内容：</td></tr>
<tr><td>报价成交</td><td colspan="3">工作内容：</td></tr>
<tr><td>贷款购车</td><td colspan="3">工作内容：</td></tr>
<tr><td>签订购车合同</td><td colspan="3">工作内容：</td></tr>
<tr><td>点评总结</td><td colspan="4"></td></tr>
</table>

表 14-4　商谈报价单（样本）

<table>
<tr><td colspan="5">一汽大众　商谈报价单</td><td colspan="4" rowspan="2">日期：　　年　　月　　日
销售顾问：</td></tr>
<tr><td>品牌</td><td></td><td>型号</td><td>颜色</td><td></td></tr>
<tr><td colspan="4">费用合计项</td><td rowspan="7">按揭费用明细</td><td colspan="3">签约金融机构</td><td>抵押方式</td></tr>
<tr><td rowspan="6">购车应付款总额</td><td colspan="2">市场统一价</td><td>元</td><td colspan="3"></td><td rowspan="2"></td></tr>
<tr><td colspan="2">店面促销让利</td><td>元</td><td colspan="3"></td></tr>
<tr><td colspan="2">赠送装潢项目</td><td>元</td><td colspan="4">分期付款金额</td></tr>
<tr><td colspan="2">其他赠送项目</td><td>元</td><td>期限</td><td></td><td>月</td><td>其他</td></tr>
<tr><td colspan="2">商谈成交最终价</td><td>元</td><td>利率</td><td></td><td>% 每年 / 月</td><td></td></tr>
<tr><td colspan="2"></td><td>元</td><td>月供</td><td></td><td>元</td><td></td></tr>
<tr><td colspan="2">合计</td><td colspan="7"></td></tr>
<tr><td colspan="4">费用明细项</td><td rowspan="2">付款方式</td><td>全额支付</td><td colspan="3">1. 现金　2. 汇票、支票</td></tr>
<tr><td rowspan="11">保险费用明细</td><td rowspan="3">基本险</td><td>交强险</td><td></td><td>分期支付</td><td colspan="3">1. 现金　2. 汇票、支票</td></tr>
<tr><td>第三者责任险</td><td></td><td colspan="5">装饰品</td></tr>
<tr><td>车辆损失险</td><td></td><td>序号</td><td>项目</td><td>数量</td><td>单价</td><td>总价</td></tr>
<tr><td rowspan="7">附加险</td><td>全车盗抢险</td><td></td><td>1</td><td></td><td></td><td></td><td></td></tr>
<tr><td>车上人员责任险</td><td></td><td>2</td><td></td><td></td><td></td><td></td></tr>
<tr><td>无过失责任险</td><td></td><td>3</td><td></td><td></td><td></td><td></td></tr>
<tr><td>玻璃单独破碎险</td><td></td><td>4</td><td></td><td></td><td></td><td></td></tr>
<tr><td>自燃损失险</td><td></td><td>5</td><td></td><td></td><td></td><td></td></tr>
<tr><td>车身划痕险</td><td></td><td>6</td><td></td><td></td><td></td><td></td></tr>
<tr><td>不计免赔特约险</td><td></td><td>7</td><td></td><td></td><td></td><td></td></tr>
<tr><td>保险合计</td><td colspan="2"></td><td>8</td><td></td><td></td><td></td><td></td></tr>
<tr><td rowspan="3">附加费</td><td colspan="2">上牌相关手续费用</td><td></td><td colspan="5" rowspan="3">商谈记录：</td></tr>
<tr><td colspan="2">购置税</td><td></td></tr>
<tr><td>合计</td><td colspan="2"></td></tr>
<tr><td colspan="2">备注</td><td colspan="7">以上报价以实时行情为准，最终解释权归销售服务商</td></tr>
<tr><td colspan="4">保险公司：</td><td colspan="2">参考交车日期</td><td colspan="3">年　　月　　日</td></tr>
<tr><td colspan="9">注：此单为本公司自行制作，一式两联，一份客户留存，一份公司留存</td></tr>
</table>

表 14-5　汽车销售合同（样本）

甲方：＿＿＿＿＿＿＿＿＿＿＿＿＿＿（特许经销商）　　联系人：＿＿＿＿＿＿

地址：＿＿＿＿＿＿＿＿＿＿＿＿＿＿　邮编：＿＿＿＿＿＿　电　话：＿＿＿＿＿＿

乙方：＿＿＿＿＿＿＿＿＿＿＿＿＿＿　　联系人：＿＿＿＿＿＿

身份证号：＿＿＿＿＿＿＿＿＿＿＿＿

地址：＿＿＿＿＿＿＿＿＿＿＿＿＿＿　邮编：＿＿＿＿＿＿　电　话：＿＿＿＿＿＿

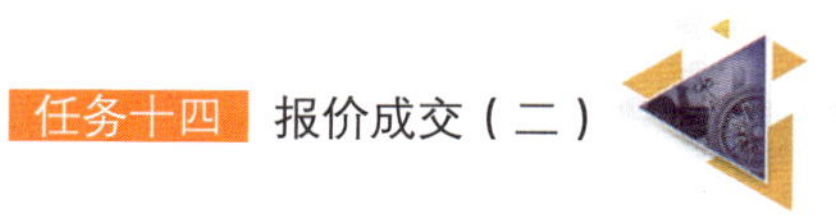

续表

乙方就订购所需车辆（以下简称合同车辆）事宜，与甲方达成一致意见，双方于______年____月____日签订本合同。

一、合同车辆规格及价款

车型代码 / 选装件代码	颜色	单价（人民币：元）	数量	小计（人民币：元）
总计：				

合同车辆主要配置：____

____

二、合同车辆的交付

1. 交付方式按以下第（ ）项进行：

（1）乙方至交付地点自提自运。

（2）甲方将合同车辆运至乙方指定的地点，运费为________元，由______支付。

2. 交付地点：____

3. 交付时间：____

三、付款

1. 付款方式：乙方付款将按照以下第（ ）项进行。

（1）一次性付款：在本合同签订之时向甲方一次性付清合同总价款。

（2）分期付款：自本合同签订之日起______日内向甲方支付本合同总价款的______%即人民币__________元作为预付款，并在______日内向甲方支付合同总价款的余下部分。如果乙方欲解除本合同，则预付款作为乙方的违约金归甲方所有。

（3）贷款付款：乙方要求以担保方式贷款付款的，向甲方指定的金融机构申请汽车消费贷款。乙方在签订本合同后______日内，向甲方支付首付款及相关费用，即人民币________元。甲方在收到金融机构发出的“批准贷款通知书”后本合同方生效。

（4）其他方式：____

2. 支付日期以甲方账户显示收到全部合同总价款为准。

四、验收

合同车辆验收应于交货当日在交货地点进行。验收完成后，双方应共同签署验车交接单。乙方未提出异议，则视为甲方交付的合同车辆的数量和质量均符合本合同的要求。

五、随车交付的文件

1. 合同车辆的产品合格证、首次 7 500 km 免费保养凭证、使用维修说明书。

2. 其他乙方委托甲方代办，甲方办妥的证件、凭证：____

六、甲方保证

1. 合同车辆已经过售前的调试、检验和清洁。

2. 合同车辆符合随车交付文件中所列的各项规格和指标。

3. 不改变合同车辆的出厂状态，即不改动或改装合同车辆，不添加任何其他标记、标识。

七、乙方保证

1. 乙方是所购合同车辆的最终用户。乙方不以任何商业目的展示合同车辆或将合同车辆用于有损合同车辆品牌形象的活动及行为。

2. 乙方所购车辆仅在中国使用，不再出口至其他国家或地区。

续表

3. 乙方在购车前，已事先获得合法的资格，并在购车后依法律规定的时间到有关车辆管理部门依法办理一切登记手续，否则因此造成的不良后果均由乙方承担。

4. 乙方保证不移去所购合同车辆上的徽章或商标等标志，或用其他方式来掩盖或替代。

八、质量及质量担保

1. 乙方所购合同车辆为合格产品。但是双方明了，合同车辆的重量、功率、油耗、最高时速及其他具体数据只被视为近似值。

2. 合同车辆的质量担保范围及方式见随车所附的使用维护说明书。

3. 乙方及其许可使用合同车辆的人员，应按使用维护说明书要求规范使用、保养和维修车辆，如有违反，造成和 / 或引起合同车辆的损坏或故障，则不能获得质量担保服务。

4. 未经甲方书面许可，乙方不得将合同车辆以出租营运目的使用或转售。为此双方约定，乙方若有违反，则由此引起的任何质量后果均由乙方承担，包括免除甲方和 / 或制造商的质量担保责任及其他质量责任。

九、不可抗力

因不可抗力致使本合同一方不能履行合同的，则根据不可抗力的影响，部分或全部免除其责任。但是，该方因不可抗力不能履行合同，负有及时通知和 10 日内提供证明的责任。

十、违约责任

本合同任何一方违约，违约方应赔偿守约方的实际经济损失，除非本合同另有约定。

十一、争议的解决

因本合同产生的一切争议，合同双方应通过友好协商解决。如协商不成，应向甲方所在地人民法院起诉，通过诉讼解决。

十二、双方约定

1. 乙方自提取合同车辆之时起，将对合同车辆承担全部风险，包括因不当使用合同车辆而造成的损坏和 / 或损害。

2. 如果乙方已提车，但尚有本合同约定的车款没有付清，合同车辆的所有权属甲方，且乙方不得将合同车辆用于抵押或其他债权担保。甲方据此有权解除本合同、收回合同车辆并向乙方收取车辆使用费。

3. 本合同双方申明，双方自愿签署本合同，对本合同项下各条款内容仔细阅读并理解，保证履行。本合同为合同车辆买卖的全部法律文件。有关合同车辆的任何广告、宣传单张、推介资料或其他媒体形式的信息仅供乙方参考。

4. 本合同一式三份，双方各执一份，一份交上海大众汽车有限公司备案，经双方共同签署即为成立。

5. 其他事项：______________________________

____

合同签署：

甲方（盖章）： 乙方（或代表签字）：

代表人： 盖章：

四、检查

（一）自检

结合任务实施过程和结果，对照表 14–6 进行自我检查，并将自检结果记录在表 14–6 中。

表 14-6 自检

检查项目	结果
是否讨论报价成交工作流程	
是否进行销售工具和销售资料的准备	
是否按 4S 店岗位进行角色扮演	
是否按流程进行报价成交情景演练	
通过演练是否掌握报价成交工作流程	
报价成交环节是否进行竞品比较	
情景演练是否达到预期效果，有哪些不足	
是否根据情景演练情况及时填写实施记录表	

（二）互检

根据任务实施过程和结果进行组与组之间的互检，并把检查结果填写在表 14–7 中。

表 14-7 互检

检查项目	结果
是否按 4S 店岗位进行角色扮演	
是否按流程进行报价成交情景演练	
通过演练是否掌握报价成交工作流程	
报价成交环节是否进行竞品比较	
情景演练是否达到预期效果，有哪些不足	
是否根据情景演练情况及时填写实施记录表	

五、课堂小结

任务十五　新车交付

新车交付任务工单								
客户信息	姓　名		职　业		联系电话		信息来源	
	购车用途		预购车型		购车预算		预购时间	

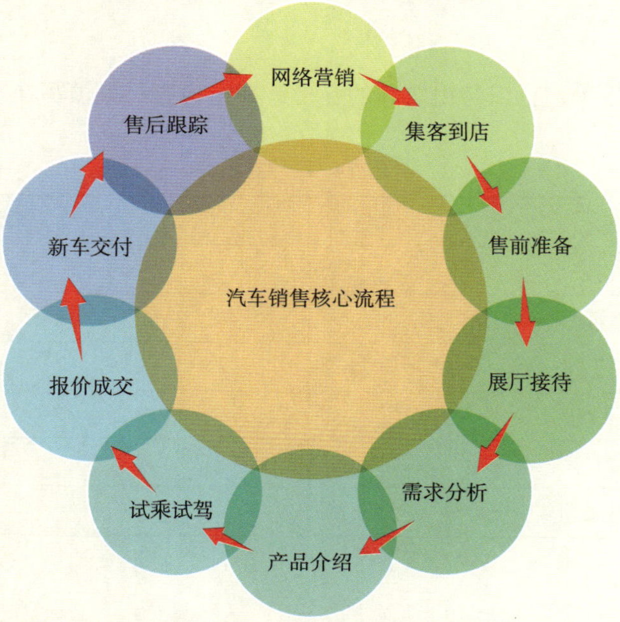

任务描述					
	制作平面广告图片 □	编写宣传软文 □	微信图文推送 □	网络营销 □	集客到店 □
	售前准备 □	展厅接待 □	需求分析 □	产品介绍 □	试乘试驾 □
	报价成交 □	新车 PDI 检查 □	新车交付 □	跟踪回访 □	处理投诉 □

明确具体工作任务

____

____

____

任务目标

- 能够做好车辆交付的准备工作
- 能够依照车辆交付流程完成车辆交付
- 能够通过完美的新车交付，提升客户满意度

任务内容

- 新车交付的准备工作
- 新车 PDI 检查
- 新车交付流程及要点

任务重点

- 新车交付的准备工作
- 依照新车交付流程完成车辆交付

一、信息链接

1. 新车交付的准备工作

（1）交车预约

1）询问客户希望何时、何地交车（在方便公司合理安排交车环境的前提下，尽量满足客户需求）。

2）与客户电话确认交车时间、地点和参与交车人员，并简要介绍交车流程及交车时长，征求客户意见。

3）提醒客户带齐必要的证件、材料和尾款。

4）准备交车礼品和鲜花，如果客户的家人到场，应额外准备礼品、儿童玩具等。

5）如发生意外导致交车延误，需及时致电客户寻求谅解。

6）交车预约常用话术如下：

"您好，我是 ×××× 店的销售顾问 ×××。"

"请问您是 × 先生 / 女士吗？"

"我想和您预约并确定新车交付的有关事宜，您看 × 月 × 日，上午 × 点—× 点为您办理交车仪式可以吗？"

"在订购车辆时，您要求在交车时详细介绍汽车的全中文交互系统，您现在还希望安排这样的介绍吗？"

"× 先生 / 女士，我们会积极进行准备以保证您顺利提车。"

（2）准备工作

1）经销商应设置专门的新车交付区，由专人负责整理、清洁。

2）确认客户的付款情况以及对客户的承诺事项，完成新车 PDI（pre-delivery inspection）检查，并签名确认。

3）确认并检查车辆登记文件、保修手册和其他相关文件等。

4）交车前 3 天电话联系客户，确认交车时间、参与人员，并简要告知客户交车流程及交车时长（一般 30 min 左右为宜）。

5）交车前一天再次电话联系客户，确认交车相关事宜。

6）若交车日期推迟，应及时与客户联系，说明原因和处理方法，取得客户谅解并再次约定交车日期。

7）销售顾问需在交车前一天确认待交车辆的型号、颜色、附属品及基本装备是否齐全；确保外观无损伤；确认待交车辆上的车架号和发动机号与车辆合格证上登记的一致；确认灯光、空调及多媒体系统工作正常，提前将待交车辆上的时间与收音机频道设定正确；确保交付车辆油箱内有不少于 1/3 容积的油量。

8）准备交车所需物品，如交车贵宾卡、照相机等。

2. 新车 PDI 检查

新车 PDI 检查即车辆的售前检查，是交车流程的一部分，一般由售后服务部门来完成，包括一系列在新车交付前需要完成的工作。PDI 检查的目的是在新车投入使用前及时发现车辆存在的问题，并按新车出厂技术标准进行恢复，同时再次确认各系统部件技术状态，以保证客户所购车辆能正常运行。

3. 新车交付流程及要点

交付车辆一般是客户购车过程中情绪最激动的时刻，做好新车交付可以显著提高客户的满意度，如能在交车服务过程中与客户建立朋友关系，将为新一轮的客户开发和汽车销售打下良好基础，新车交付环节主要流程如图 15–1 所示。

图 15–1　新车交付环节主要流程

（1）客户接待

1）销售顾问提前 30 min 致电客户，再次确认交车事项。

2）在展厅门口设立欢迎立牌，销售顾问应提前 10 min 到门口迎接，态度热情。

3）如客户开车到达，销售顾问应主动至停车场迎接，销售顾问在迎接客户时需保持微笑，并恭喜客户本日提车。

4）为客户佩戴交车贵宾卡，经销店每位员工见到带有贵宾标志的客户均应热情道贺“恭喜您成为 ×××× 店的贵宾”。

5）引领客户至洽谈区就座，并提供饮品。

6）确认客户尾款是否付清，如未付清则先履行付款手续。

7）其他交车环节注意事项：

①若客户提前到店，应先带客户到休息区，并提供饮品和报纸、杂志等。

②若客户迟到，应与客户确认是否还可以安排交车，如果不能如期前来可重新预约交车时间。

③若销售顾问不能及时迎接客户，接待员应带客户到休息区，提供饮品和报纸、杂志等，并向客户说明延误的原因及等待时间，随时告知客户最新情况。

④若销售顾问不在展厅，接待员应代表经销商向客户致歉，将客户介绍给销售顾问委托的其他交车人员（如其他销售顾问或销售经理），并由后者进行交车工作。

（2）交付尾款

1）如果客户使用手机、现金、银行卡或者存折（使用存折需出示存折所有人的身份证）进行结算，销售顾问可以直接带领客户至收款室办理。

2）如果客户使用支票进行结算，需带领客户去银行办理倒存（或者和财务人员一起去办理）。如果倒存及时，当日可提车；如果当日倒存不成功，则需等到倒存成功后方可提车。

3）如果客户使用汇票结算，可将汇票直接交给财务，经财务核对无误后方可提车（原则上不收承兑）。

（3）文件点交

1）销售顾问将客户引导至洽谈区就座，说明交车流程及所需时间。

2）出示交车确认表，并解释说明表内信息。

3）交付票据，清算费用，介绍上牌流程。

4）介绍车辆保养的周期及注意事项，重点介绍首次保养的时间点（或里程数）和服务项目。

5）对照保修手册说明保修内容和保修范围。

6）介绍售后服务项目、服务流程及 24 小时服务热线。

7）移交有关物品和文件，包括用户手册、保修手册、购车发票、保单、行驶证、密码卡、齿形码

条等，并请客户确认。

8）点交车辆钥匙、点烟器、原厂配件、工具、备胎、选购件、装潢件等，完成点交后在交车确认表上做好记录，并请客户签字确认。

（4）人员介绍

1）介绍服务经理和售后服务经理，了解售后服务部门的营业时间和预约服务的方法等。

2）介绍精品店和精品销售顾问。

（5）售后参观。带领客户参观维修车间、快修部门、车辆清洁车间等，同时向客户简要介绍车辆保养、修理和救援服务等相关知识。参观完成后陪同客户到交车区举行交车仪式。

（6）交车仪式

1）在新车的发动机舱盖上放置红色花球。

2）销售经理、售后服务经理、销售顾问等相关人员一起列席参加交车仪式。

3）销售顾问用托盘将车钥匙、鲜花和小礼品等赠送给客户及其家人。

4）销售顾问邀请客户与新车合影留念。

5）展厅内空闲人员应列队参加并鼓掌表示祝贺。

（7）送别客户

1）销售人员取下车辆上的绸带、花球，再次恭喜并感谢客户。

2）销售顾问确认客户的联系方式，并简述后续跟踪回访内容。

3）告知客户一周内会接到经销商的交车回访电话。

4）提醒客户携带好相关文件和随身物品。

5）感谢客户能安排时间共同完成新车交付工作。

6）微笑目送客户车辆离开，挥手道别直到看不见车为止。

7）客户离开后，销售顾问应及时整理客户资料并交予客服部。

8）交车后回访。客户离店后 2 h 内发送感谢短信；预估客户到家时间，打电话确认安全到达；将合影照片放大、加框，并在 2 日内亲自送达客户手中；第三天销售顾问再次电话回访。

二、任务准备

在下列图片中勾选出完成本任务所需的物品。

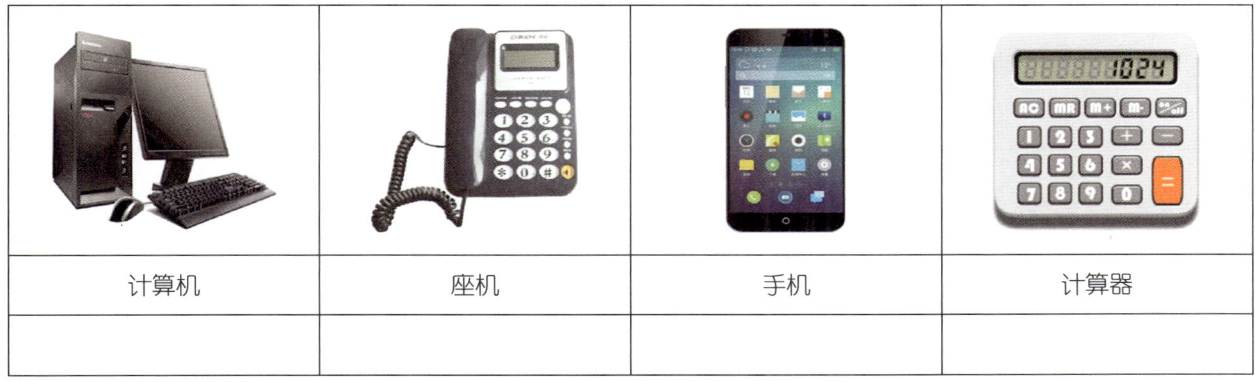

计算机	座机	手机	计算器

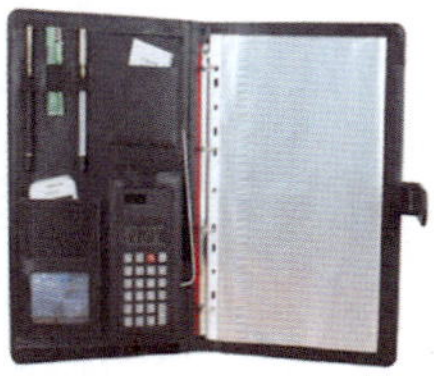	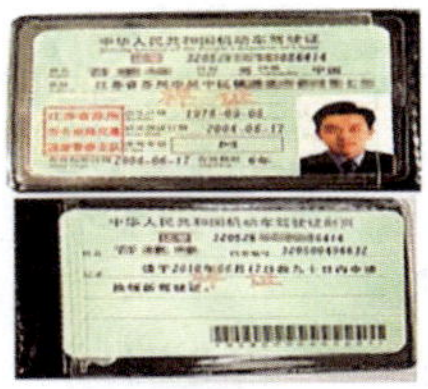		
销售工具夹	驾驶证	写字板	中性笔
		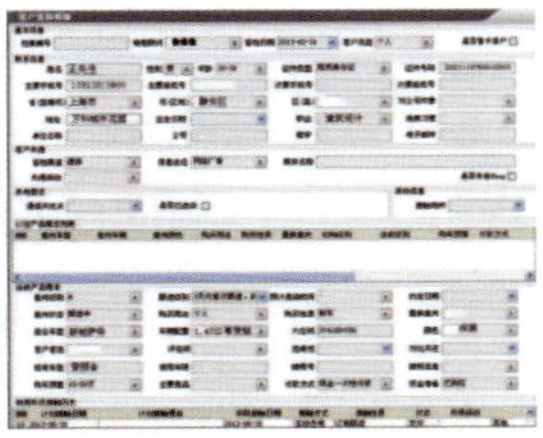	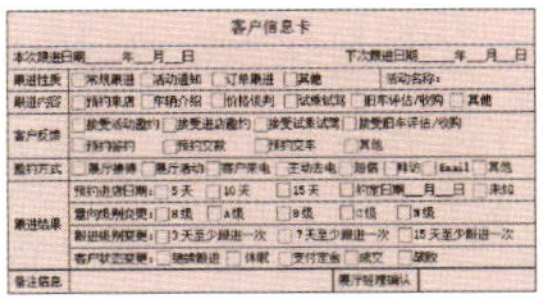
照相机	对讲机	经销商管理系统（DMS）	客户信息卡
			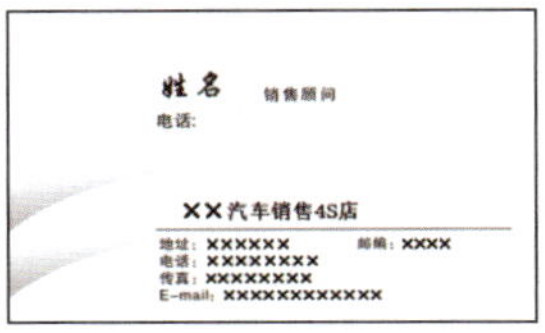
实训整车	汽车配置展示架	抹布	销售顾问名片

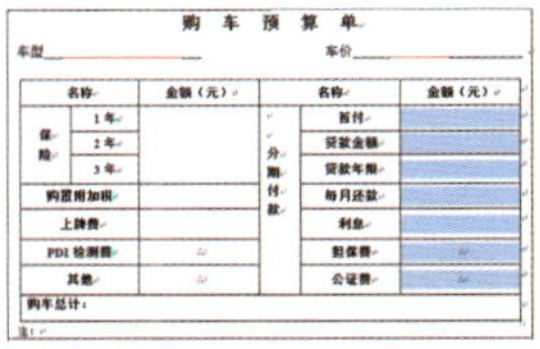	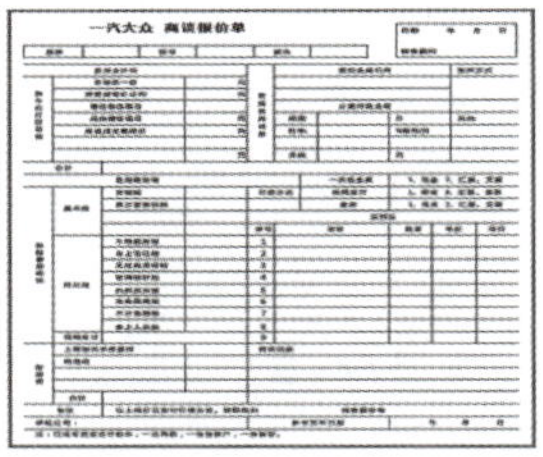	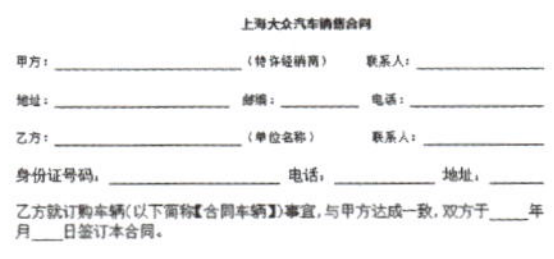
购车预算单	商谈报价单	销售合同

三、任务分配

教师进行分组，每 5 名学生为一组并推选组长。组长对小组任务进行分配，按照 4S 店岗位人员分类，组员分别扮演不同的人物角色进行情景演练，并将小组成员的具体任务分工填入表 15–1 中。

表 15-1 任务分配表

任务	组长	人员分工	具体任务
新车交付演练			

四、任务实施

（一）实施步骤

新车交付的任务实施步骤见表 15-2。

表 15-2 新车交付的任务实施步骤

序号	实施步骤	实施内容
1	进行分组	按每 5 名学生为一组进行分组并推选组长，小组成员分别扮演不同的角色
2	任务讨论	组内讨论新车交付工作流程和注意事项
3	准备工作	各小组根据教师分配的车型，进行销售工具和销售资料的准备
4	演练要求	（1）不得私自起动车辆及松开驻车制动器，以免发生危险 （2）妥善保护实训室车辆，不得私自拆卸实训车辆的零配件 （3）新车交付演练在新车交付区进行，演练前需布置并清洁新车交付区 （4）演练过程中，其他同学要认真聆听，并记录演练过程
5	新车交付情景演练	（1）以实训车辆为例进行新车交付情景演练 （2）销售顾问进行交车预约 （3）进行新车 PDI 检查 （4）布置并清洁新车交付区 （5）接待客户，陪同客户交付尾款 （6）举行新车交付仪式，拍照留念 （7）送别客户，进行交车后回访
6	点评总结	演练完毕后，由教师带领大家一起进行点评和总结

（二）实施记录

将本任务的实施过程记录到表 15-3 ~ 表 15-5 中。

表 15-3 PDI 检查表（样表）

销售商代码	车型代码	车架号码
生产日期	外观颜色	发动机号码
检查日期	钥匙号码	变速箱号码

续表

对各项检查结果作如下标记："√"＝合格，"×"＝异常		
外观与内部检查 （1）□ 外观与内部缺陷 （2）□ 涂层、电镀部件和车内装饰 （3）□ 随车物品、工具、备胎、千斤顶使用说明书、随车钥匙 （4）□ 拆下车身保护膜 **发动机部分检查** （5）□ 发动机罩锁扣及铰链 （6）□ 蓄电池电极 （7）□ 电解液高度 （8）□ 主地线 （9）□ 熔丝及备用件 （10）□ 发动机润滑油液位 （11）□ 冷却液液位及质量 （12）□ 助力转向液液位 （13）□ AT 油位 （14）□ 玻璃清洗液液位 （15）□ 传动带的松紧状况（助力转向系统、发电机、压缩机） （16）□ 加速踏板控制拉线（AT 控制拉线） **操作与控制检查** （17）□ 离合器踏板高度与自由行程 （18）□ 制动器踏板高度与自由行程 （19）□ 加速踏板 （20）□ 熔丝及备用件 **把点火开关转至位置 I 检查** （21）□ 收音机 （22）□ 录音机 /CD 机与天线 （23）□ 所有警报灯（发电机、驻车制动器、油压、制动故障、AT 挡位显示器、ABS、SRS） （24）□ AT 启动保护器	**启动发动机检查** （25）□ 蓄电池和起动机 （26）□ 怠速 （27）□ 前部清洗器 （28）□ 前雨刮 （29）□ 方向指示灯与自动解除 （30）□ 侧灯和牌照灯 （31）□ 前照灯及远光（远光指示灯） （32）□ 雾灯 （33）□ 制动灯和倒车灯 （34）□ 仪表灯和调光灯 （35）□ 扬声器 （36）□ 点烟器 （37）□ 天窗 （38）□ 后风窗玻璃除雾器与指示灯 （39）□ 空调系统性能（制冷、送风量） （40）□ 循环开关 （41）□ 电动后视镜 （42）□ 时钟的设定 **关闭发动机检查** （43）□"未关灯"警告灯 （44）□ 转向盘自锁功能 （45）□ 驻车制动器 （46）□ 转向盘 （47）□ 遮阳板 （48）□ 中央门锁及遥控装置（警报） （49）□ 室内照明灯 （50）□ 阅读照明灯 （51）□ 前、后座椅安全带 （52）□ 座椅靠背角度 （53）□ 行李舱门的开启 （54）□ 行李舱灯 （55）□ 加油盖的开启及燃油牌号 （56）□ 行李舱门的关闭及锁定	**打开所有车门检查** （57）□ 手动车窗 （58）□ 后门儿童锁 （59）□ 铰锁 / 铰链加注润滑油 **关闭所有车门检查** （60）□ 车门安装情况 **举升汽车检查** （61）□ 底部、发动机、制动器与燃油管路的磨损或破损情况 （62）□ 悬架的固定 （63）□ MT 油位 **降下汽车检查** （64）□ 所有车轮螺母扭矩 （65）□ 轮胎压力标签 （66）□ 轮胎压力（包括备胎） （67）□ 工具与千斤顶 **行驶试验检查** （68）□ 驾驶性能 （69）□ 从内部、悬架及制动器发出的噪声 （70）□ 制动器及驻车制动器 （71）□ 转向盘自动回正 （72）□ 转向盘振动与位置 （73）□ AT 挡位变化（升挡、降挡） （74）□ 里程表读数及取消 **最终检查** （75）□ 冷却风扇 （76）□ 怠速 / 排放 （77）□ 燃油、发动机润滑油、冷却液及废气的渗漏 （78）□ 热启动性能 （79）□ 用 ABS 检测仪检查 ABS 性能 **最终准备** （80）□ 清洗车辆内、外部 （81）□ 检查车内及行李舱是否有水漏入
PDI 检查 对以上项目的正确安装、调试及操作已做过检查。 特此证明。 （盖章） 检查人员签字：　　日期：	销售 该车辆已完成了所有车辆检查项目，可以交付用户使用。车上的所有必要附件已配备齐全，所有证明文件已正确填写完毕。特此证明。 （盖章） 销售顾问签字：　　日期：	

表 15-4 交车确认表（样表）

<table>
<tr><td>车主姓名</td><td></td><td>车架号码</td><td></td><td>发动机号码</td><td></td></tr>
<tr><td>车型款式</td><td></td><td>车辆颜色</td><td></td><td>交车日期</td><td></td></tr>
<tr><td>地址</td><td colspan="3"></td><td>电话</td><td></td></tr>
<tr><td>移动电话</td><td colspan="3"></td><td>销售顾问</td><td></td></tr>
<tr><td>电子邮箱</td><td colspan="5"></td></tr>
<tr><td colspan="6">1. 感谢您对 ×××× 汽车的厚爱，在您使用这部新车之前，让我们来为您的爱车做点交说明
2. 车主签收车辆前，下面各项证件及功能操作均需经过销售顾问详细点交，请车主确认并签名
3. 若有委托交车代理人，则代理人的任何行为视同委托人的行为，车辆离开公司概由委托人负责</td></tr>
<tr><td colspan="6">1. 交车前准备：□ PDI 检查
2. 证件点交：□ 行驶证 □ 保险单 □ 领牌材料
3. 费用说明及单据点交：□ 发票 □ 购置税 □ 车船税 □ 其他
4. 使用及服务保证手册点交及内容说明：□ 使用手册说明 □ 财务保证内容 □ 紧急情况处理 □ 定期保养项目表 □ 24 小时救援服务 □ 免费保养内容说明 □ 免费服务电话
5. 介绍服务站：□ 营业地点 □ 营业时间 □ 服务经理、服务顾问
6. 车辆内、外检查：□ 车内整洁 □ 外观整洁 □ 千斤顶 □ 工具包 □ 备胎 □ 其他
7. 操作说明：□ 座椅、转向盘、后视镜 □ 电动窗 □ 儿童安全锁 □ 空调除雾 □ 灯光、仪表 □ 油箱盖 □ 音响及特有配备 □ CD □ 安全气囊 □ 电动天窗 □ ABS □ 发动机舱盖 □ 行李舱
8. 温馨的特别服务：□ 交车礼品赠送 □ 预约回站 □ 拍照留念 □ 其他</td></tr>
<tr><td colspan="6">保险费：
税金（总计）：
其他费用：
其他选配服务费：</td></tr>
<tr><td colspan="6">说明：本单一式两份，客户和销售服务商各存一份，销售服务商保存期至少两年
以上请车主确认无误后签名：

时间：　　年　　月　　日</td></tr>
</table>

表 15-5 新车交付任务实施记录表

<table>
<tr><td>实施任务</td><td colspan="4">工作内容</td></tr>
<tr><td rowspan="3">小组讨论</td><td rowspan="3">新车交付工作流程</td><td>1.</td><td>2.</td><td>3.</td></tr>
<tr><td>4.</td><td>5.</td><td>6.</td></tr>
<tr><td>7.</td><td>8.</td><td>9.</td></tr>
<tr><td>销售顾问工具准备</td><td>检查销售工具是否齐全</td><td colspan="3">名片：有 □ 无 □ 笔：有 □ 无 □ 计算器：有 □ 无 □
平板计算机：有 □ 无 □ 对讲机：有 □ 无 □ 蓝牙耳机：有 □ 无 □
记事本：有 □ 无 □ 产品资料：有 □ 无 □ 宣传画册：有 □ 无 □
销售合同：有 □ 无 □ 交车确认表：有 □ 无 □ PDI 检查表：有 □ 无 □</td></tr>
</table>

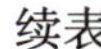
续表

实施任务	工作内容	
新车交付情景演练	交车预约	工作内容：
	新车 PDI 检查	工作内容：
	新车交付区布置与清洁	工作内容：
	客户接待	工作内容：
	交付尾款	工作内容：
	文件点交	工作内容：
	人员介绍	工作内容：
	售后参观	工作内容：
	交车仪式	工作内容：
	送别客户	工作内容：
点评总结		

五、检查

（一）自检

结合任务实施过程和结果，对照表 15-6 进行自我检查，并将自检结果记录在表 15-6 中。

表 15-6 自检

检查项目	结果
是否讨论新车交付工作流程	
是否进行销售工具和销售资料的准备	
是否按 4S 店岗位进行角色扮演	
是否按流程进行新车交付情景演练	
通过演练是否掌握新车交付工作流程	
新车交付环节是否进行拍照合影，是否赠送礼品	
情景演练是否达到预期效果，有哪些不足	
是否根据情景演练情况及时填写实施记录表	

（二）互检

根据任务实施过程和结果进行组与组之间的互检，并把检查结果填写在表 15-7 中。

表 15-7 互检

检查项目	结果
是否按 4S 店岗位进行角色扮演	
是否按流程进行新车交付情景演练	
通过演练是否掌握新车交付工作流程	
新车交付环节是否进行拍照合影，是否赠送礼品	
情景演练是否达到预期效果，有哪些不足	
是否根据情景演练情况及时填写实施记录表	

六、课堂小结

任务十六　售后跟踪

<table>
<tr><th colspan="9">售后跟踪任务工单</th></tr>
<tr><td rowspan="2">客户信息</td><td>姓　名</td><td></td><td>职　业</td><td></td><td>联系电话</td><td></td><td>信息来源</td><td></td></tr>
<tr><td>购车用途</td><td></td><td>预购车型</td><td></td><td>购车预算</td><td></td><td>预购时间</td><td></td></tr>
<tr><td colspan="9">汽车销售核心流程：网络营销 → 集客到店 → 售前准备 → 展厅接待 → 需求分析 → 产品介绍 → 试乘试驾 → 报价成交 → 新车交付 → 售后跟踪</td></tr>
<tr><td>任务描述</td><td colspan="8">制作平面广告图片 □　编写宣传软文 □　微信图文推送 □　网络营销 □　集客到店 □
售前准备 □　展厅接待 □　需求分析 □　产品介绍 □　试乘试驾 □
报价成交 □　新车 PDI 检查 □　新车交付 □　跟踪回访 □　处理投诉 □</td></tr>
<tr><td>明确具体工作任务</td><td colspan="8"></td></tr>
<tr><td>任务目标</td><td colspan="8">● 能够按时间要求定期对购车客户进行回访
● 能定期联系客户以提高客户忠诚度
● 能灵活处理客户投诉有关问题并迅速予以解决</td></tr>
<tr><td>任务内容</td><td colspan="8">● 售后跟踪目的
● 售后跟踪工作内容
● 投诉处理流程及方法
● 利用传统手段开发潜客实例</td></tr>
<tr><td>任务重点</td><td colspan="8">● 处理客户投诉</td></tr>
</table>

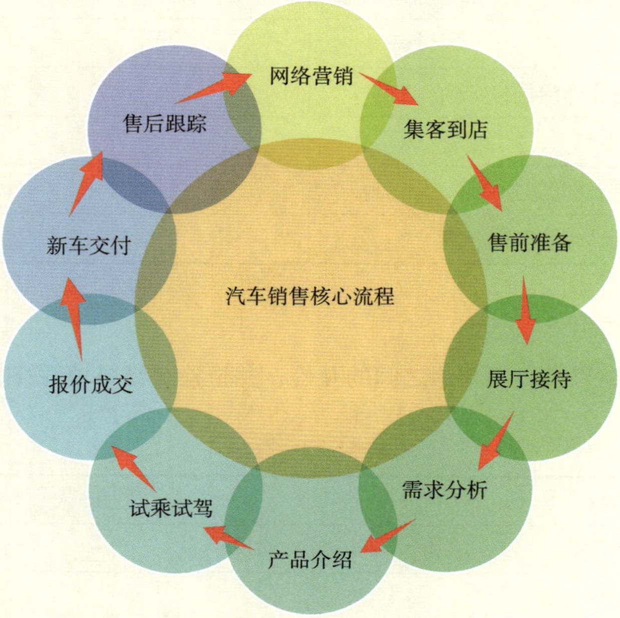

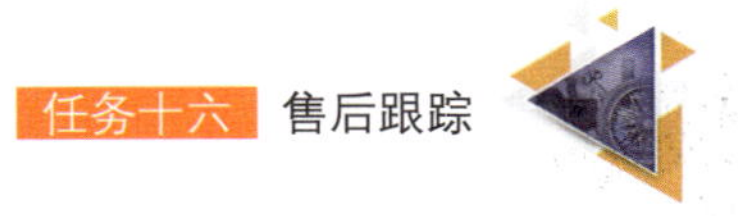

一、信息链接

1. 售后跟踪目的

（1）售后跟踪是促使经销商不断提高自身管理水平、提升品牌形象、提升员工工作能力的有效手段。

（2）售后跟踪是经销商实现自我分析诊断的重要环节，可以帮助经销商发现管理中存在的漏洞，有效地对标准流程贯彻情况进行监督管理。

（3）售后跟踪可以体现经销商对客户的关怀，是维系客户、提高客户满意度的重要步骤。

（4）售后跟踪可以帮助经销商与客户建立长期的业务关系，提升客户服务掌握率，创造忠诚客户，促进新车销售。

2. 售后跟踪工作内容

（1）新车交付后 24 h 内致关怀电话，询问客户是否满意并确定车况是否良好，如果需要，帮助客户解决问题，进行客户满意度调研。

（2）交车后 3 日内电话致谢，询问车辆使用情况，并进行首保提醒。

（3）回访员在一周内进行电话回访。

（4）首次保养时，销售顾问和服务顾问必须在场向客户进行问候并表示关怀。

（5）交车后一个月内安排一次活动，对客户所购置的车辆进行细致的产品介绍和使用培训。

（6）客服部门每 3 个月做一次售后跟踪联系。

（7）销售顾问根据客户情况，定期给客户邮寄资料，询问客户车辆使用情况，并请客户推荐潜在客户。

（8）每年客户生日时寄送生日祝福卡片，逢年过节时打电话或寄贺卡向客户表示关心。

3. 投诉处理流程及方法

（1）投诉处理流程。处理客户投诉的基本流程如图 16–1 所示。

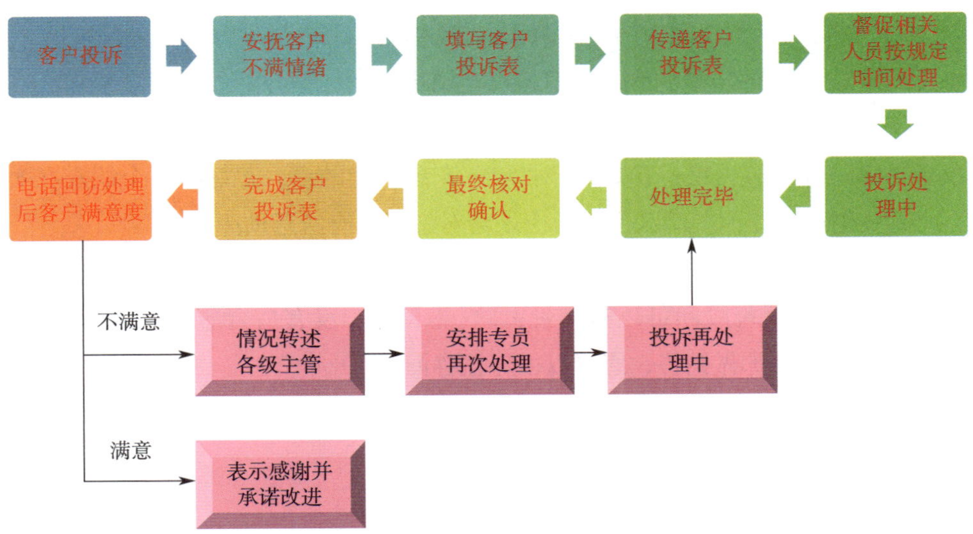

图 16–1 处理客户投诉的基本流程

（2）投诉处理方法

1）保持镇定、自信，面带微笑。

2）耐心听客户叙述，不要打断客户说话。

3）在客户抱怨时，以十分同情和理解的态度聆听，取得客户的认可和信任。

4）客户叙述完之后，不要着急指出客户的错误，而是将客户的抱怨进行明确的复述，让客户觉得你了解他不满的原因。

5）无论客户投诉的理由是否正确，向客户表示自己很荣幸处理他的问题，如果自己不能处理则安抚客户情绪后及时上报，进行处理交接。

4. 利用传统手段开发潜客实例

如今，虽然网络营销已成为汽车销售的主渠道，但有时利用一些传统手段开发潜客依然能取得积极的效果。

（1）案例1：让客户帮助你寻找客户，坚决维护好与基盘客户的关系。

美国有一个很有名的汽车销售大王叫乔·吉拉德，他从1963年至1978年共推销出13 001辆汽车，平均每天销售6辆汽车，连续12年荣登吉尼斯世界纪录世界第一销售的宝座。他的销售秘诀就是猎犬计划，即利用保有客户发掘潜在客户。乔·吉拉德的一句名言就是“买过我汽车的客户都会帮我推销汽车”。

在生意成交之后，乔·吉拉德总是把一叠名片和猎犬计划的说明书交给客户。说明书里告知客户如果他介绍别人来买车，成交之后，每辆车他会得到25美元的酬劳。在客户提车之后，乔·吉拉德就会寄给客户感谢信和一叠名片，并且以后每年客户都会收到乔·吉拉德的一封附有猎犬计划的信件，提醒客户自己先前的承诺依然有效。如果他的某位客户是一位领导人物，那么，乔·吉拉德会更加努力促成交易并设法让其成为猎犬。

实施猎犬计划的关键是要守信用，即支付给客户25美元。猎犬计划使乔·吉拉德的收益很大。1976年，猎犬计划为他带来了150笔生意，约占销售总数的1/3。而乔·吉拉德只付出了3 750美元的猎犬费用，就收获了75 000美元的佣金。

（2）案例2：扩大自己在汽车圈内的交际范围，告诉同行们自己销售的汽车品牌。

小张和小王是某城市不同公司、不同品牌的汽车销售顾问，但他们经常相互合作，当小张接待的某一客户对小张所销售的汽车不感兴趣，但却对小王销售的汽车有兴趣时，小张就可以把客户推荐到小王那里。小张可以这样对客户说：“如果您对 ×× 车感兴趣的话，正好我有个朋友在卖这个车，您可以去找他，或者我也可以让他主动联系您，应该会对您买车有所帮助……”

同样，一位新车销售顾问和一位做二手车的同行也存在合作的可能性，当客户在二手车市场找不到合适的车辆时，二手车销售顾问可以这样说：“既然二手车没有适合您的，您可以去 ×× 店看看 ×× 车，我正好有个朋友在那做销售，您可以去那里咨询一下……”

二、任务准备

在下列图片中勾选出完成本任务所需的物品。

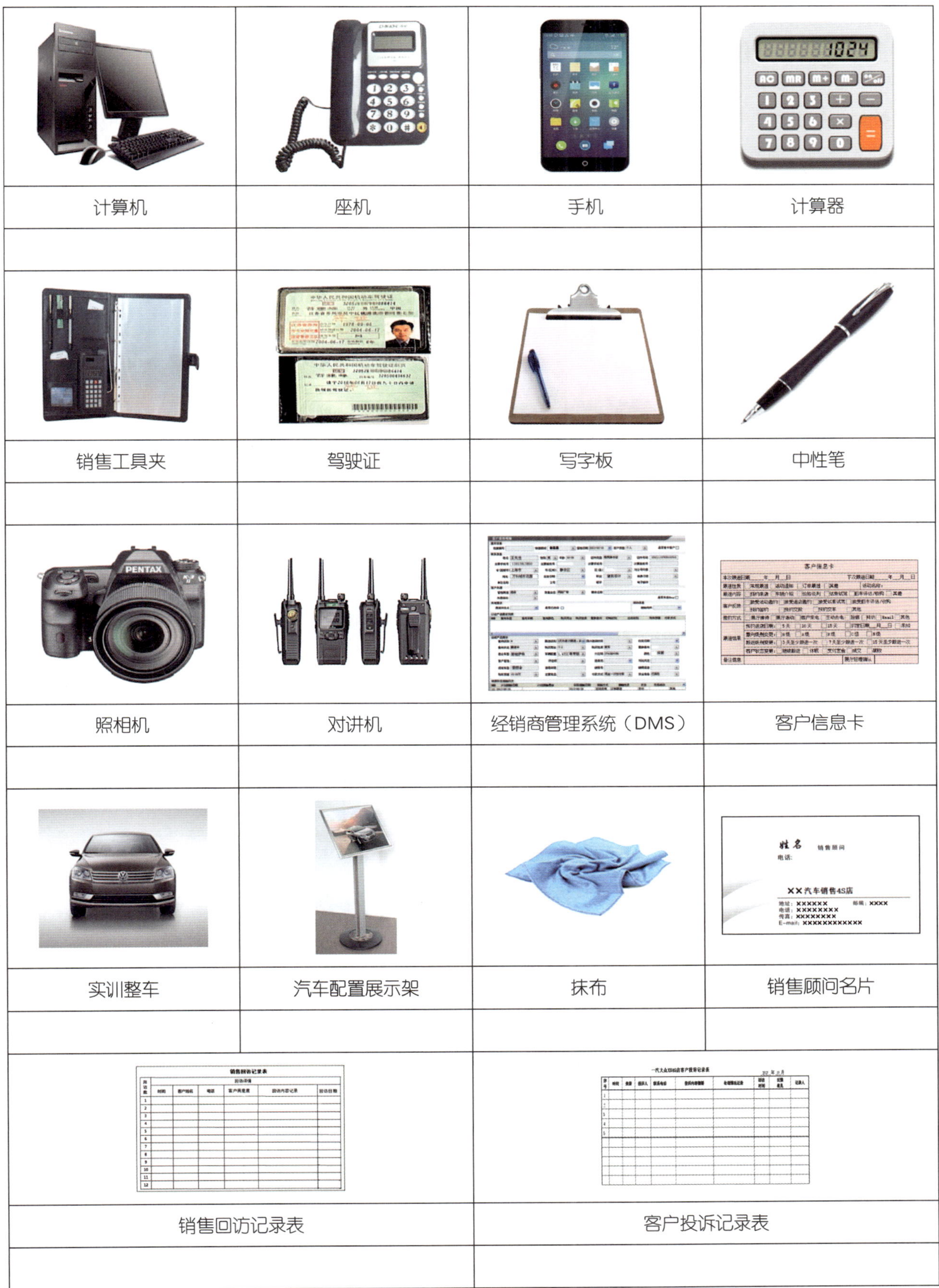
计算机
座机
手机
计算器
销售工具夹
驾驶证
写字板
中性笔
照相机
对讲机
经销商管理系统（DMS）
客户信息卡
实训整车
汽车配置展示架
抹布
销售顾问名片
销售回访记录表
客户投诉记录表

三、任务分配

教师进行分组，每 5 名学生为一组并推选组长。组长对小组任务进行分配，按照 4S 店岗位人员分类，组员分别扮演不同的人物角色进行情景演练，并将小组成员的具体任务分工填入表 16-1 中。

表 16-1　任务分配表

任务	组长	人员分工	具体任务
售后跟踪演练			

四、任务实施

（一）实施步骤

售后跟踪的任务实施步骤见表 16-2。

表 16-2　售后跟踪的任务实施步骤

序号	实施步骤	实施内容
1	进行分组	按每 5 名学生为一组进行分组并推选组长，小组成员分别扮演不同的角色
2	任务讨论	组内讨论售后跟踪工作流程和注意事项
3	准备工作	各小组根据教师分配的车型，进行销售工具和销售资料的准备
4	演练要求	（1）不得私自起动车辆及松开驻车制动器，以免发生危险 （2）妥善保护实训室车辆，不得私自拆卸实训车辆的零配件 （3）售后跟踪演练在展厅前台进行，演练前需布置并清洁展厅前台 （4）演练过程中，其他同学要认真聆听，并记录演练过程
5	售后跟踪情景演练	（1）销售顾问进行定期回访 （2）客服人员对客户进行售后回访 （3）客户打电话进行投诉 （4）销售顾问或客服人员进行投诉处理 （5）销售顾问进行新一轮潜客开发
6	点评总结	演练完毕后，由教师带领大家一起进行点评和总结

（二）实施记录

将本任务的实施过程记录到图 16-2 和表 16-3 ~ 表 16-5 中。

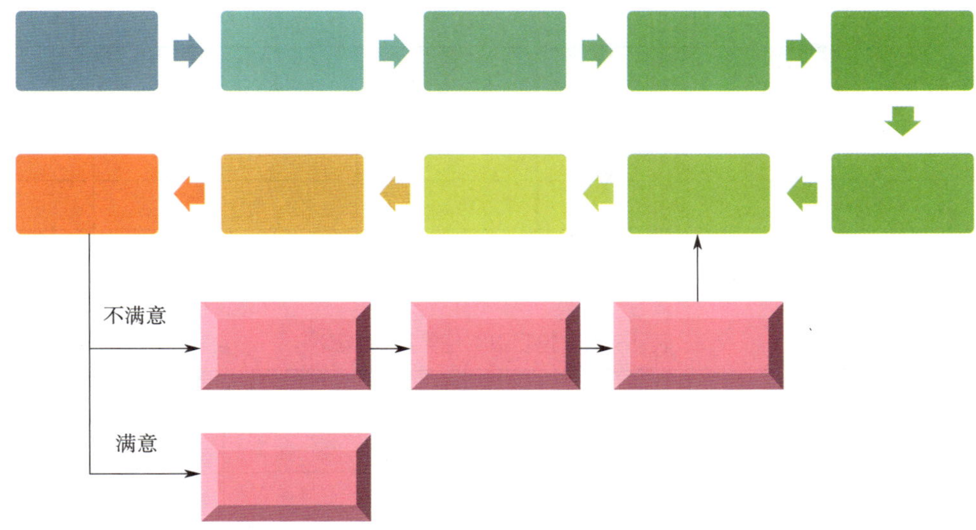

图 16-2　客户投诉处理流程图

表 16-3　销售回访记录表

序号	时间	客户姓名	联系电话	客户满意度	回访内容	回访日期	潜客开发重点
1							
2							
3							
4							
5							
6							
7							
8							
9							
10							

表 16-4　客户投诉记录表

序号	时间	投诉方式	投诉人姓名	联系电话	投诉问题	处理情况	回访时间	反馈意见	记录人
1									
2									
3									
4									
5									
6									
7									

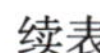
续表

序号	时间	投诉方式	投诉人姓名	联系电话	投诉问题	处理情况	回访时间	反馈意见	记录人
8									
9									
10									

表 16-5　售后跟踪任务实施步骤

<table>
<tr><th>实施任务</th><th colspan="4">工作内容</th></tr>
<tr><td rowspan="3">小组讨论</td><td rowspan="3">售后跟踪处理流程</td><td>1.</td><td>2.</td><td>3.</td></tr>
<tr><td>4.</td><td>5.</td><td>6.</td></tr>
<tr><td>7.</td><td>8.</td><td>9.</td></tr>
<tr><td>销售顾问工具准备</td><td>检查工具是否齐全</td><td colspan="3">名片：有 □　无 □　笔：有 □　无 □　计算器：有 □　无 □
平板计算机：有 □　无 □　对讲机：有 □　无 □　蓝牙耳机：有 □　无 □
记事本：有 □　无 □　产品资料：有 □　无 □　宣传画册：有 □　无 □
销售回访记录表：有 □　无 □　客户投诉记录表：有 □　无 □</td></tr>
<tr><td rowspan="4">售后跟踪情景演练</td><td>销售顾问定期回访</td><td colspan="3">工作内容：</td></tr>
<tr><td>客服人员售后回访</td><td colspan="3">工作内容：</td></tr>
<tr><td>客户投诉处理记录</td><td colspan="3">工作内容：</td></tr>
<tr><td>销售顾问替客开发</td><td colspan="3">工作内容：</td></tr>
<tr><td>点评总结</td><td colspan="4"></td></tr>
</table>

五、检查

（一）自检

结合任务实施过程和结果，对照表 16-6 进行自我检查，并将自检结果记录在表 16-6 中。

表 16-6 自检

检查项目	结果
是否讨论售后跟踪工作流程	
是否进行销售工具和销售资料的准备	
是否按 4S 店岗位进行角色扮演	
是否按流程进行售后跟踪情景演练	
通过演练是否掌握客户投诉处理流程	
销售顾问是否进行潜客开发	
情景演练是否达到预期效果，有哪些不足	
是否根据情景演练情况及时填写实施记录表	

（二）互检

根据任务实施过程和结果进行组与组之间的互检，并把检查结果填写在表 16-7 中。

表 16-7 互检

检查项目	结果
是否按 4S 店岗位进行角色扮演	
是否按流程进行售后跟踪情景演练	
通过演练是否掌握客户投诉处理流程	
销售顾问是否进行潜客开发	
情景演练是否达到预期效果，有哪些不足	
是否根据情景演练情况及时填写实施记录表	

六、课堂小结